幽夢影

유몽영, 그윽한 꿈 그림자

<지식을만드는지식 고전선집>은
인류의 유산으로 남을 만한 작품만을 선정합니다.
읽을 수 없는 고전이 없도록 세상의 모든 고전을 출판합니다.
오랜 시간 그 작품을 연구한 전문가가
정확한 번역, 전문적인 해설, 풍부한 작가 소개, 친절한 주석을
제공합니다.

幽夢影

유몽영, 그윽한 꿈 그림자

장조(張潮) 지음

백승도 옮김

대한민국, 서울, 지식을만드는지식, 2024

편집자 일러두기

- 이 책은 2008년 산민수쥐주식회사(三民書局股份有限公司)에서 출판한 《신역 유몽영(新譯幽夢影)》을 원전으로 삼아 번역했습니다.
- 주석과 해설은 모두 독자의 이해를 돕기 위해 옮긴이가 작성한 것입니다.
- 한글에 한자를 병기할 때 괄호 안의 말과 바깥 말의 독음이 다르면 [ ]를 사용하고, 번역어의 원문을 표시할 때는 ( )를 사용했습니다. 또 괄호가 중복될 때에도 [ ]를 사용했습니다.
- 외래어 표기는 현행 한글어문규정의 외래어표기법을 따랐습니다. 중국 인명과 지명 중 옛날 인명과 지명은 한국 발음으로, 현대 인명과 지명은 중국 발음으로 표기했습니다.

차 례

유몽영 1~219 · · · · · · · · · · · · · · · · · 1
《유몽영》발문 · · · · · · · · · · · · · · · · 280

해설 · 283
지은이에 대해 · · · · · · · · · · · · · · · 293
옮긴이에 대해 · · · · · · · · · · · · · · · 295

유몽영

1.

경전 읽기로는 겨울이 맞춤하니
정신을 하나로 모을 수 있기 때문이고
역사책 읽기에는 여름이 알맞으니
낮이 길어 시간 충분하기 때문이며
제자서 읽기에는 가을이 때맞으니
운치가 각별하기 때문이고
문집 읽기에는 봄이 제격이니
생기가 발랄하기 때문이라

讀經宜冬
其神專也
讀史宜夏
其時久也
讀諸子宜秋
其致別也
讀諸集宜春
其機暢也

2.

경전은 홀로 앉아 읽어야 마땅하고
역사는 의당 벗과 함께 읽어야 하리

經傳宜獨坐讀
史鑑宜與友共讀

3.

　선함도 악함도 없는 이는 성인이요

　'황제의 힘이 내게 무슨 상관이랴', '죽여도 원망하지 않고, 이롭게 해도 고맙게 여기지 않는다', '원한은 바름으로 갚고, 덕은 덕으로 갚는다', '지푸라기 하나라도 남에게 주지 않고, 지푸라기 하나라도 남에게서 취하지 않는다' 등과 같은 부류다

　선함은 많고 악함이 적은 이는 현자이며

　'안연은 잘못을 되풀이하지 않고, 선하지 않음이 있으면 모른 적이 없었다'나 '자로는 남이 자신의 허물을 지적해 주면 기뻐했다'는 등의 부류다

　선함은 적고 악함이 많은 이는 일반인이고

　악함만 있고 선함이 없는 이는 소인배요

　이들은 우연히 선한 일을 해도 반드시 의도하는 바가 있다

　선함만 있고 악함이 없는 이는 신선과 부처라

　여기서 말하는 선함은 우리 유가에서 말하는 선함은 아니다

　無善無惡是聖人　如'帝力何有於我' '殺之而不怨　利之而不庸' '以直報怨 以德報德' '一介不與 一介不取'之類

　善多惡少是賢者　如'顏子不貳過　有不善未嘗不知' '子路　人告有過則喜'之類

　善少惡多是庸人

有惡無善是小人 其偶爲善處 亦必有所爲
有善無惡是仙佛 其所謂善 亦非吾儒之所謂善也

4.

이 세상에 날 아실 이 하나라도 있다면
참말이지 후회 없으리
사람만 그러하랴
사물 또한 그런 것을
국화는 도연명
매화는 임포
대나무는 왕휘지
연꽃은 주돈이
복숭아는 피난 간 진나라 사람
살구는 동봉
바위는 미불
여지는 양귀비
차는 노동과 육우
향초는 굴원
순채국과 농어는 장한
파초는 회소
오이는 소평
닭은 처종
거위는 왕희지

북은 예형
비파는 왕소군이 지기였다지
한번 인연 맺으면
천년토록 변하지 않으니
진시황에게 소나무
위 의공에게 학은
정말이지 맺지 말아야 할 인연이었다 하겠네

天下有一人知己
可以不恨
不獨人也
物亦有之
如菊以淵明1)爲知己
梅以和靖2)爲知己

---

1) 연명(淵明) : 이름은 도잠(陶潛), 자는 원량(元亮). 동진(東晉) 시대 시인으로, 연명은 호다. 일찍이 팽택령(彭澤令)을 지내다 벼슬살이에 회의를 느껴 낙향해 은거했다. 그는 연작시 〈음주(飮酒)〉 가운데 제5수 '동쪽 울 밑에서 국화꽃 꺾어 들다 멀리 남산을 바라본다(采菊東籬下 悠然見南山)'라는 시구를 통해 전원으로 돌아와 은거한 유유자적한 정취를 그려 냈다.

2) 화정(和靖) : 이름은 임포(林逋), 자는 군복(君復). 북송(北宋) 시대 시인으로, 화정은 시호(諡號)다. 평생 벼슬은 물론 결혼도 하지 않고 항주(杭州) 서호(西湖)의 고산(孤山)에 은거하며, 매화를 감상하고 학을 길렀다. 이에 당시 사람들이 '매처학자(梅妻鶴子)'라 불렀다.

竹以子猷³⁾爲知己
蓮以濂溪⁴⁾爲知己
桃以避秦人⁵⁾爲知己
杏以董奉⁶⁾爲知己
石以米顚⁷⁾爲知己

3) 자유(子猷) : 이름은 왕휘지(王徽之)로, 자유는 그의 자다. 서성(書聖)이라 불리는 왕희지(王羲之)의 아들로, 아버지 못지않게 붓글씨를 잘 썼다. 《세설신어(世說新語)》·〈임탄(任誕)〉에 따르면, "어느 날 왕휘지가 남의 빈집에 잠시 머물게 되었는데, 곧 대나무를 심었다. 이에 누군가 물었다. '잠시 머물 것인데 그런 번거로운 일을 하십니까?' 그러자 왕휘지가 대나무를 가리키며 말했다. '어찌 하룬들 이 사람이 없을 수 있겠습니까?'"라고 했다.

4) 염계(濂溪) : 이름은 주돈이(周敦頤), 자는 무숙(茂叔). 북송 시대 학자로, 염계는 호다. 《태극도설(太極圖說)》등의 저작을 남겼다. 그는 연꽃을 사랑해 그 덕을 찬미하는 〈애련설(愛蓮說)〉이라는 글을 지었다.

5) 진인(秦人) : 진나라 사람들. 도연명(陶淵明)의 글 〈도화원기(桃花源記)〉에 등장하는 사람들을 말한다. 이야기에 따르면, 무릉(武陵)의 한 어부가 복사꽃 떨어진 개울을 따라가다 어떤 동굴을 지나니, 복사꽃이 만발한 세상 밖 또 다른 세계에 이르렀다. 그곳에 살던 사람들이 말하기를, 자신들은 선대에 진나라의 난을 피해 이곳으로 왔노라고 했다.

6) 동봉(董奉) : 자는 군이(君異), 삼국(三國) 시대 오(吳)나라의 명의(名醫). 그는 사람들을 치료하고 나면 수고비를 받는 대신 항상 살구나무를 심도록 했다. 그렇게 몇 년이 흐르자 심은 살구나무가 수만 그루에 이르렀고, 여기서 수확한 살구를 곡식과 바꾸어 가난한 사람들을 구제했다.

7) 미전(米顚) : 이름은 미불(米芾), 자는 원장(元章), 송대(宋代) 서예

荔枝以太眞[8]爲知己
茶以盧仝陸羽[9]爲知己
香草以靈均[10]爲知己
蓴鱸以季鷹[11]爲知己
蕉以懷素[12]爲知己

가. 기행을 일삼았기에 사람들이 미치광이라는 뜻으로 '미전'이라 불렀다. 골동품 수집을 좋아했고, 그중에서도 기이한 바위를 좋아했다.

8) 태진(太眞) : 이름은 양옥환(楊玉環). 당(唐) 현종(玄宗)이 사랑했던 여인이다. 흔히 양귀비라 불린다. 그녀는 특히 싱싱한 여지를 좋아했는데, 남방에서 나는 여지를 맛이 변하기 전에 바치기 위해 관리들은 수천 리 말을 달려야 했다고 한다. 이에 대해 시인 두목(杜牧)은 〈과화청궁(過華淸宮)〉이란 시에서 '한 필 말 붉은 먼지 날리니 귀비는 웃는데, 아무도 이것이 여지 때문인 줄 모르지(一騎紅塵妃子笑 無人知是荔枝來)'라고 노래했다.

9) 노동육우(盧仝陸羽) : 노동은 당대(唐代) 시인으로 차를 좋아해 〈다가(茶歌)〉를 지었고, 육우 또한 당대 시인으로 세계 최초의 차 전문서 《다경(茶經)》3권을 지었다.

10) 영균(靈均) : 이름은 굴원(屈原), 전국 시대(戰國時代) 초(楚)나라 시인. 영균은 자다. 〈이소(離騷)〉 등의 작품에서 향초를 자신의 충정을 비유하는 중요한 수법으로 삼았다.

11) 계응(季鷹) : 이름은 장한(張翰), 진(晉)나라 때 정치가. 계응은 자다. 나라의 부름을 받았으나 당시 정국이 혼란하므로, '가을바람이 불면 고향의 순채국과 농어회 맛을 잊을 수 없다'는 것을 핑계로 벼슬을 버리고 낙향해 은거했다.

12) 회소(懷素) : 당대(唐代) 승려, 서예가. 삼장 법사 현장(玄奘)의 제자. 그는 1만여 그루의 파초를 심어 그 잎으로 종이를 대신해 글씨를

瓜以邵平13)爲知己
鷄以處宗14)爲知己
鵝以右軍15)爲知己
鼓以禰衡16)爲知己
琵琶以明妃17)爲知己

썼다고 한다.

13) 소평(邵平) : 소평(召平)이라고도 한다. 진(秦)나라 동릉후(東陵侯)에 봉해졌다. 이후 진나라가 망하자 포의(布衣)로 가난하게 살면서 장안(長安) 성 동쪽에 오이를 심어 기르며 유유자적하게 지냈다. 이에 오이를 속칭 동릉과(東陵瓜)라고도 한다.

14) 처종(處宗) : 송대 정치가. 곤주자사(袞州刺史)를 지냈다. 처종은 닭 한 마리를 창가에 두고 키웠는데, 뒤에 그 닭이 사람의 말을 알아듣고 할 줄 알아 처종은 그 닭과 함께 하루 종일 학문을 논하기도 했다 한다.

15) 우군(右軍) : 이름은 왕희지(王羲之), 자는 일소(逸少), 진(晉)나라 때 서예가. 우군장군(右軍將軍)이란 벼슬을 지냈기에 일반적으로 왕우군(王右軍)이라 부른다. 그는 거위를 좋아했는데, 일설에 따르면 거위의 걸음걸이를 통해 서예의 비밀을 풀었다고 한다.

16) 예형(禰衡) : 자는 정평(正平), 동한(東漢) 말의 명사(名士). 기개가 강대하고 언변에 뛰어나 독설가로 유명하다. 조조(曹操)의 부름을 받아 면담하는 자리에서 조조의 부하들을 폄하했다. 이에 조조는 주연을 베푸는 자리에서 그를 북 치는 고사(鼓史)로 삼아 욕보이려 했으나 오히려 예형에게 욕을 보고 말았다.

17) 명비(明妃) : 이름은 왕장(王嬙), 자는 소군(昭君). 일반적으로 왕소군이라 부른다. 한(漢)나라 원제(元帝)의 궁녀였으나 후에 흉노에게 시집갔다. 고대 중국 4대 미인의 한 사람으로 손꼽힌다. 기록에 따르면,

一與之訂
千秋不移
若松之于秦始18)
鶴之于衛懿19)
正所謂不可與作緣者也

그녀가 국경을 넘어갈 때 흉노족 옷으로 갈아입고 말을 탔는데, 손에는 비파를 들고 있었다고 한다.

18) 진시(秦始) : 진시황(秦始皇). 어느 해 여름, 진시황이 태산(泰山)에서 봉선(封禪) 의식을 마치고 하산하다 비를 만나 커다란 나무를 발견하고 그 밑에서 비를 피했다. 게다가 심신도 상쾌해져 나무의 공덕을 기려 '공(公)'에 봉했다. 이에 그 나무를 '목공(木公)'이라 부르다 이후 하나로 합쳐 '송(松)'이 되었다고 한다.

19) 위의(衛懿) : 춘추(春秋) 시대 위(衛)나라 군주 의공(懿公). 학을 지독히도 좋아해 그가 기르던 학은 대부(大夫)에 버금가는 대우를 받았다고 한다. 결국은 이 때문에 민심이 이반해 후일 외적이 쳐들어왔을 때 전의를 상실한 병사들로 인해 패가망신하고 말았다.

5.

달, 구름에 가릴까 걱정
책, 벌레 먹을까 걱정
꽃, 비바람에 꺾일까 걱정
재자가인, 명 짧을까 걱정
이 마음 참으로 보살의 마음이라

爲月憂雲
爲書憂蠹
爲花憂風雨
爲才子佳人憂命薄
眞是菩薩心腸

6.

꽃에 나비 없어선 아니 되고
산에 샘 없으면 아니 되지
바위에 이끼 없으면 아니 되고
물에 마름 풀 없어선 아니 되지
교목에 등라 없어선 아니 되고
사람에겐 습벽 없으면 아니 되지

花不可以無蝶
山不可以無泉
石不可以無苔
水不可以無藻
喬木不可以無藤蘿
人不可以無癖

7.

봄이면 새소리
여름이면 매미 소리
가을이면 벌레 소리
겨울이면 눈 나리는 소리
한낮에는 바둑 소리
달 아래 퉁소 소리
산속 솔바람 소리
물가에선 어기여차 노 젓는 소리 듣노라면
어즈버 이 삶도 헛된 것 아니리
하나 못된 젊은이 욕지거리나
사나운 아내 바가지 긁는 소리는
참말이지 귀머거리 되느니만 못하다네

春聽鳥聲
夏聽蟬聲
秋聽蟲聲
冬聽雪聲
白晝聽棋聲
月下聽簫聲
山中聽松風聲

水際聽欸乃聲
方不虛生此耳
若惡少斥辱
悍妻詬誶
眞不若耳聾也

8.

정월대보름엔 호방한 벗과 술잔을
단오엔 아름다운 벗과 술잔을
칠월 칠석엔 운치 있는 벗과 술잔을
중추절에는 담백한 벗과 술잔을
중구절엔 탈속한 벗과 술잔을

上元須酌豪友
端午須酌麗友
七夕須酌韻友
中秋須酌淡友
重九須酌逸友

9.

비늘 달린 동물 중 금붕어나
날개 달린 동물 중 제비는
만물 중의 신선이라 할 만하다
마치 동방삭이
관장에 숨어 세상을 피한 것처럼
어느 누구도 해치지 못하리니

鱗蟲中金魚
羽蟲中紫燕
可云物類神仙
正如東方曼倩[20]
避世金馬門[21]
人不得而害之

---

20) 동방만천(東方曼倩) : 이름은 동방삭(東方朔). 만천은 자다. 서한(西漢) 무제(武帝) 때 태중대부(太中大夫)를 지냈다. 해학으로 유명하며, 무제의 총애를 받았다. 그는 술이 거나하게 오르면 늘 '세속에 묻혀 살며 관장에 숨어 세상을 피한다'고 노래했다.

21) 금마문(金馬門) : 관청의 대문. 대문 곁에 청동으로 만든 말을 세워 두었기에 금마문이라 한다. 이후 관청을 대신하는 말로 쓰였다.

10.

세상살이는
동방삭을 배워야 하고
출세간은
불인 요원을 배워야 하리라

入世
須學東方曼倩
出世
須學佛印了元[22]

---

[22] 불인 요원(佛印了元) : 자는 각로(覺老), 북송(北宋) 시대 고승. 서예에 뛰어났고, 시문(詩文)에도 능했다. 당시 유명한 문인이었던 소동파(蘇東坡)・황정견(黃庭堅) 등과 교유했다. 신종(神宗)은 그를 흠모해 가사와 발우를 하사했고, 불인 선사라는 호를 바쳤다.

11.

꽃 즐김은 미인과 함께
달에 취할 땐 시인과 함께
눈 나리는 날에는 고결한 이와 함께

賞花宜對佳人
醉月宜對韻人
映雪宜對高人

12.

학문이 깊고 해박한 친구 마주하면
기이한 책을 읽는 것 같고
풍류를 아는 우아한 벗 마주하면
명사들의 시문을 읽는 것 같다
신중하고 절도 있는 벗 마주하면
성현들의 경전을 읽는 듯하고
우스갯소리 잘하는 벗 마주하면
전기 소설을 읽는 듯하다

對淵博友
如讀異書
對風雅友
如讀名人詩文
對謹飭友
如讀聖賢經傳
對滑稽友
如讀傳奇小說

13.

해서는 문인과 같아야 하고
초서는 장수와 같아야 한다
행서는 이 둘 사이에 있어
가벼운 갖옷에 허리띠 느슨하던 양숙자와 같아야 하니
이것이 바로 탁월한 지점이라 하겠다

楷書須如文人
草書須如名將
行書介乎二者之間
如羊叔子[23]緩帶輕裘
正是佳處

[23) 양숙자(羊叔子) : 이름은 양호(羊祜), 삼국 시대 진(晉)나라 장군. 숙자는 자다. 거평후(鉅平侯)에 봉해졌다. 진나라가 오(吳)나라를 멸할 마음을 먹고 양호를 도독형주제군사(都督荊州諸軍事)에 임명했는데, 그는 오를 멸할 치밀한 준비를 하면서도 평소에는 갑옷을 입지 않고 가벼운 갖옷에 느슨한 허리띠 옷차림으로 지냈다고 한다.

14.

사람이면 모름지기 시적 운치가 있어야 하고
사물이면 마땅히 그림 같은 아름다움이 있어야 하리

人須求可入詩
物須求可入畫

15.

젊은이는
모름지기 노인의 식견을 가져야 하고
노인이면
마땅히 젊은이의 포부를 가져야 한다

少年人
須有老成之識見
老成人
須有少年之襟懷

16.

봄은
자연 본유의 정회요
가을은
자연의 별다른 정조라

春者
天之本懷
秋者
天之別調

17.

옛사람 말하길
꽃과 달과 미인이 없다면
이 세상에 태어나길 원치 않는다더군
내 여기 한마디 덧붙이자면
시와 서화와 바둑과 술이 없다면
굳이 사람 몸 받을 필요 없으리라

昔人云
若無花月美人
不願生此世界
予益一語云
若無翰墨棋酒
不必定作人身

18.

나무라면 가죽나무 되고 지고

재목이 아니라서 천수를 다 누린다

풀이라면 시초 풀이 되고 지고

앞날을 알 수 있다

새라면 갈매기 되고 지고

속세의 이해득실을 잊는다

짐승이라면 해태가 되고 지고

사악한 것을 들이받는다

벌레라면 나비가 되고 지고

꽃 사이를 훨훨 날아다닌다

물고기라면 곤이 되고 지고

속박을 벗어나 자유로이 노닌다

願在木而爲樗[24]
不才終其天年

[24] 저(樗) : 가죽나무. 《장자(莊子)》〈소요유(逍遙遊)〉에 등장하는 나무. 크기는 아주 크나 가지가 구불구불해 재목으로서의 쓰임새가 없었기에 하늘로부터 부여받은 천수를 누릴 수 있게 되었다. 쓸모없음의 쓸모 있음(無用之用)을 상징한다.

願在草而爲蓍[25)]
前知
願在鳥而爲鷗[26)]
忘機
願在獸而爲廌[27)]
觸邪
願在蟲而爲蝶[28)]
花間栩栩
願在魚而爲鯤[29)]
逍遙遊

25) 시(蓍) : 시초. 옛날 점을 칠 때 사용하는 풀이다.

26) 구(鷗) : 갈매기. 《열자(列子)》에 이와 관련한 이야기가 다음과 같이 전한다. 어떤 사람이 매일 바닷가로 나가 갈매기들과 어울려 놀았는데, 어느 날 아버지가 자신도 갈매기를 가지고 싶다면서 잡아 오도록 부탁했다. 아버지의 부탁을 들어주기 위해 다음 날 바닷가로 나갔으나 갈매들은 평소와 달리 그의 머리 위에서만 맴돌 뿐 내려오지 않았다. 갈매기는 이미 그의 마음을 알고 있었던 것이다.

27) 치(廌) : 해태. 신화 속 짐승. 사슴과 비슷하나 외뿔이다. 이 짐승은 옳고 그름을 판별할 줄 안다고 전해 온다. 시비곡직을 밝혀야 할 경우, 이 짐승은 정직하지 않은 이를 들이받는다고 한다.

28) 접(蝶) : 나비. 《장자(莊子)》〈제물론(齊物論)〉에 '나비가 되어 훨훨 나는 꿈을 꾼 장자' 이야기가 나온다.

29) 곤(鯤) : 물고기 이름. 원래는 눈에 보이지도 않을 정도로 작은 물고기 알이라고 하나, 《장자》〈소요유〉에서는 그 크기를 알 수 없을 정도로 큰 물고기 이름으로 나온다. 《장자》에 따르면 이 물고기가 어느 날 변해 붕(鵬)이라는 거대한 새가 되어 남쪽 천지(天池)로 날아간다고 한다.

19.

황구연 선생은 이렇게 말씀하셨지
예나 지금이나 사람에겐
반드시 그 짝이 있다네
하나 천고에 홀로 짝 없는 이 있으니
아마도 반고인가 하노라
내 말하지
반고 또한 짝이 없을 수 없으니
다만 우리가 볼 수 없을 따름이라
그 사람 누구인가
이 세상이 다하는 그때
최후의 일인
바로 그 사람

黃九烟30)先生云
古今人
必有其偶

---

30) 황구연(黃九烟) : 명말 청초(明末淸初)의 문학가 황동성(黃同星). 구연은 자다.

隻千古而無偶者
其惟盤古[31]乎
予謂
盤古亦未嘗無偶
但我輩不及見耳
其人爲誰
卽此劫盡時
最後一人
是也

---

31) 반고(盤古) : 중국 신화에서 천지를 개벽해 세상을 창조한 인물.

20.

옛사람은
겨울을 세 가지가 넉넉하다고 여겼네
나는 말하지
여름에야말로 세 가지가 넉넉하다고
새벽에 일어남은
밤이 넉넉해서이고
밤늦도록 깨어 있음은
낮이 넉넉해서이며
낮잠은
인사에 응수하고도 남아돎이라
옛사람의 시에
나는 여름 낮이 긴 것을 좋아한다 했으니
참으로 거짓이 아니로다

古人
以冬爲三餘
予謂
當以夏爲三餘
晨起者
夜之餘

夜坐者

畫之餘

午睡者

應酬人事之餘

古人詩云

我愛夏日長

洵不誣也

21.

장주가 꿈에 나비 된 것은
장주의 다행이나
나비가 꿈에 장주 된 것은
나비의 불행이라

莊周32)夢爲蝴蝶
莊周之幸也
胡蝶夢爲莊周
胡蝶之不幸也

---

32) 장주(莊周) : 춘추 전국 시대(春秋戰國時代) 중국의 철학가. 일반적으로 장자(莊子)라 불리며, 그의 사상을 집약한 것이 《장자》다. 《장자》〈제물론〉에는 장자가 어느 날 꿈에 나비가 되어 훨훨 날아다닌 유명한 이야기가 실려 있다.

22.

꽃 가꾸면 나비 부를 수 있고
바위 쌓으면 구름 맞이할 수 있지
소나무 심으면 바람 부를 수 있고
물을 가두면 부평초 맞이할 수 있지
누대 쌓으면 달맞이할 수 있고
파초 심으면 비를 맞이할 수 있지
버들 심으면 매미 부를 수 있고…

藝花可以邀蝶
纍石可以邀雲
栽松可以邀風
貯水可以邀萍
築臺可以邀月
種蕉可以邀雨
植柳可以邀蟬

23.

정경에는
말로야 몹시 근사하지만
실상은 쓸쓸한 것이 있으니
그것은 가랑비라
처지에는
말로는 아주 우아하다지만
실상은 감당하기 어려운 것이 있으니
가난과 병이라
소리에는
말로는 참으로 운치 있다지만
실상은 거칠고 비루한 것이 있으니
꽃 파는 소리라

景
有言之極幽
而實蕭索者
烟雨也
境
有言之極雅
而實難堪者

貧病也
聲
有言之極韻
而實粗鄙者
賣花聲也

24.

재능이 있으면서도 부귀한 것은
분명 복혜쌍수로부터 오는 것이리라

才子而富貴
定從福慧雙修33)得來

---

33) 복혜쌍수(福慧雙修) : 복덕(福德)과 지혜(智慧)를 함께 닦는다는 말. 복이란 불교의 육바라밀(六波羅蜜) 등의 선업(善業)을 닦는 것으로 이타(利他)에 속하고, 혜는 진리를 보는 지혜로 이는 자리(自利)에 해당한다. 그러므로 복혜쌍수는 불교의 주요 이념인 자리이타(自利利他)를 아울러 수행함을 말하는 것이다.

25.

초승달,
쉬이 짐이 안타깝고
그믐달,
더디 뜸이 유감이다

新月
恨其易沈
缺月
恨其遲上

26.

몸소 밭 갈기는 내 할 줄 모르니
밭에 물 주는 것이나 배울 따름이요
땔감 마련은 내 할 줄 모르니
풀 베는 것이나 배울 따름이라

躬耕吾所不能
學灌園而已矣
樵薪吾所不能
學薙草而已矣

27.

원망스러운 첫째는 서고에 좀이 쉬이 스는 것
둘째는 여름밤 모기 모여드는 것
셋째는 달맞이 정자에 비 쉬이 새는 것
넷째는 국화잎 많이도 말라 시든 것
다섯째는 소나무에 개미 많이 끓는 것
여섯째는 댓잎 많이도 떨어지는 것
일곱째는 계화와 연꽃 쉬이 지는 것
여덟째는 폐려와 여라에 독사 숨은 것
아홉째는 꽃줄기에 가시 돋은 것
열째는 복어에 독이 많다는 것

一恨書囊易蛀
二恨夏夜有蚊
三恨月臺易漏
四恨菊葉多焦
五恨松多大蟻
六恨竹多落葉
七恨桂荷易謝
八恨薜蘿藏虺34)
九恨架花生刺

十恨河豚多毒

34) 설라장훼(薛蘿藏虺) : 폐려(薛荔)는 덩굴 식물로 줄기에서 뿌리가 내려 다른 물체에 붙어 올라간다. 여라(女蘿)는 이끼의 한 종류로 나무 위에서 나는데, 줄기는 실처럼 가늘고 길다. 훼(虺)는 독사인 살무사다. 폐려와 여라는 모두 나무에 기대어 자라는 까닭에 무성해지면 나무를 타고 오르는 독사가 그 사이에 숨어 있어도 알아차리기 어렵다.

28.

누각 위에서 멀리 산 바라보기
성곽 머리에서 나리는 눈 보기
등불 앞에서 꽃 보기
뱃머리서 노을 보기
달 아래서 아름다운 사람 마주하기
저마다 각별한 정경이로세

樓上看山
城頭看雪
燈前看花
舟中看霞
月下看美人
另是一番情景

29.

산빛
물소리
달빛
꽃향기
문인의 운치
미인의 자태는
무어라 형용할 수도 없고
어떻게 잡아챌 도리도 없으니
참말이지 넋을 빼놓고
심사를 뒤집어 놓는구려

山之光
水之聲
月之色
花之香
文人之韻致
美人之姿態
皆無可名狀
無可執著
眞足以攝召魂夢
顚倒情思

30.

꿈을 마음대로 꿀 수 있다면
천 리 길 가기도 어렵지 않으리니
비장방의 축지술 부러울 것 하나 없고
죽은 사람 만나 볼 수도 있으리니
이소군의 초혼술 필요치 않으며
오악도 누워 유람할 수 있으려니
자식들 혼사 다 끝나길 기다리지 않아도 될 것이다

假使夢能自主
雖千里無難命駕
可不羨長房35)之縮地
死者可以晤對
可不需少君36)之招魂
五嶽可以臥遊

---

35) 장방(長房) : 동한(東漢) 때 도사 비장방(費長房). 전하는 이야기에 따르면 그는 축지술에 능해 천 리 길도 한달음에 이를 수 있었다고 한다.

36) 소군(少君) : 한(漢)나라 때 도사 이소군(李少君). 그는 혼을 불러오는 초혼술에 능해 한 무제(漢武帝)를 위해 법술을 시행하기도 했다고 한다.

可不俟婚嫁之盡畢37)

---

37) 가불사혼가지진필(可不俟婚嫁之盡畢) : 후한(後漢) 시기 상장(向長)이라는 은자(隱者)에 관한 고사. 상장은 후한 때 사람으로 ≪노자(老子)≫와 ≪역경(易經)≫에 정통했다. 조정에 천거되기도 했으나 가난을 벗 삼으며 은거하고 벼슬에 나가지 않았다. 광무제(光武帝) 건무(建武) 연간(25~56)에 아들과 딸을 모두 성가(成家)시킨 후 집안일에는 전혀 관여하지 않은 채 자신을 죽은 것처럼 여기라고 했다. 그러고는 마침내 뜻을 같이한 금경(禽慶)과 함께 오악(五嶽)을 두루 유람했는데, 그 후 삶은 어찌 되었는지 알지 못한다.

31.

왕소군은 화친으로 이름을 드러냈고
유분은 낙방으로 이름이 전해졌다
불행이라 할 수는 있지만
결함이라 할 수는 없으리

昭君38)以和親而顯
劉蕡39)以下第而傳
可謂之不幸
不可謂之缺陷

---

38) 소군(昭君) : 왕소군(王昭君). 중국 고대 4대 미녀의 한 사람으로 꼽힌다. 한나라 원제(元帝) 때의 궁녀로 흉노와의 친화 정책을 위해 흉노왕 호한야 선우에게 시집가서 아들을 낳았다. 그 뒤 호한야가 죽자 흉노의 풍습에 따라 왕위를 이은 그의 정처 아들에게 재가해 두 딸을 낳고 그곳에서 생을 마쳤다.

39) 유분(劉蕡) : 당(唐)나라 때 사람. 직언을 잘하기로 이름이 높았는데, 일찍이 현량대책(賢良對策)에서 당시 환관들을 신랄하게 비판한 결과 과거에 낙방하고, 뒤에 환관의 무고로 폄척되어 죽고 말았다. 당시 사람들이 '유분은 낙방하고 우리는 등과했으니, 실로 낯부끄럽기 그지없다'고 한탄했다고 한다.

32.

꽃을 사랑하는 마음으로 미인을 사랑하면
별다른 운치가 저절로 풍요로워지고
미인을 사랑하는 마음으로 꽃을 사랑하면
아끼고 지키려는 깊은 정 더욱 깊어진다

以愛花之心愛美人
則領略自饒別趣
以愛美人之心愛花
則護惜倍有深情

33.

미인이 꽃보다 나은 것은
말을 알아듣는 것
꽃이 미인보다 나은 점은
살아 있는 향기라
둘 모두 가질 수 없다면
살아 있는 향기 버리고
말 알아들음 취하리라

美人之勝於花者
解語也
花之勝於美人者
生香也
二者不可得兼
舍生香
而取解語者也

34.

창 안에서 누군가 창호지에 글씨를 쓰는데
내 창밖에서 보고 있자 하니
정말 멋지구나

窓內人於窓紙上作字
吾於窓外觀之
極佳

35.

젊어서 책 읽기는
문틈으로 달 보기요
중년의 책 읽기는
뜰에서 달 보기며
노년의 책 읽기는
누대에 올라 달 즐김과 같다
이 모두 경험의 깊고 얕음이
깨달음의 깊고 얕음이 되는 것

少年讀書
如隙中窺月
中年讀書
如庭中望月
老年讀書
如臺上玩月
皆以閱歷之淺深
爲所得之淺深耳

36.

내 우사에게 편지를 띄우리라
봄비는
정월 대보름 뒤에 시작해
청명절 열흘 전이나
곡우까지만 뿌리게 하고
여름비는
매월 상현 전과
하현 후가 마땅하며
가을비는
초가을 늦가을 전후 스무 날이 적당하며
삼동의 경우엔
비가 필요 없으리라고

吾欲致書雨師
春雨宜
始于上元節後
至淸明十日前之內
及穀雨節中
夏雨
宜於每月上弦之前

及下弦之後
秋雨
宜于孟秋季秋之上下二旬
至若三冬
正可不必雨也

37.

더러운 부자 되느니
청빈함만 못하고
걱정하며 사느니
즐거이 죽느니만 못하다

爲濁富
不若爲淸貧
以憂生
不若以樂死

38.

이 세상 오직 귀신만이 부자라
생전엔 주머니에 돈 한 푼 없다가도
죽은 뒤면 늘 종이돈 넉넉하지
천하에 오직 귀신만이 존귀하니
생전엔 때로 능멸도 받았으련만
죽은 뒤엔 무릎 꿇은 절 많이도 받으니

天下唯鬼最富
生前囊無一文
死後每饒楮錢
天下唯鬼最尊
生前或受欺凌
死後必多跪拜

39.

나비
재자의 화신이요
꽃
미인의 별호라

蝶
爲才子之化身
花
乃美人之別號

40.

눈을 인연 삼아 고결한 선비 떠올리고
꽃을 인연 삼아 미인을 그리지
술을 인연 삼아 협객을 떠올리고
달을 인연 삼아 좋은 벗 그리며
산수를 인연 삼아 흔쾌히 시문을 짓는다

因雪想高士
因花想美人
因酒想俠客
因月想好友
因山水想得意詩文

41.

거위 소리 듣노라면
백문에 있는 듯
노 젓는 소리 듣노라면
오 땅에 있는 듯
여울 소리 듣노라면
절강에 있는 듯
말방울 소리를 듣노라면
장안대로에 있는 듯

聞鵝聲
如在白門40)
聞櫓聲
如在三吳41)

40) 백문(白門) : 남조(南朝) 시대 송(宋)나라 서울 건강(建康)의 서쪽 성문. 음양오행(陰陽五行)에서 서쪽은 쇠[金]의 기운이고, 이 쇠의 기운은 색깔로는 흰색[白]이기에 서쪽의 성문을 백문이라 한다. 이후로 이 백문이라는 말을 금릉[金陵 : 지금의 난징(南京)]이란 도시의 대명사로 활용했다.

41) 삼오(三吳) : 오(吳) 지방의 세 도시. 오흥(吳興)·오군(吳郡)·회계(會稽) 또는 오흥·오군·단양(丹陽)을 가리키기도 하며, 또는 소주

聞灘聲
如在浙江
聞騣馬項下鈴鐸聲
如在長安道上

(蘇州)·윤주(潤州)·호주(湖州)를 말하기도 한다.

42.

한 해 절기 가운데선
정월 대보름이 으뜸이고
중추절이 그다음
5일과 9일이 또 그다음

一歲諸節
以上元爲第一
中秋次之
五日42)九日43)又次之

42) 오일(五日) : 음력 5월 5일 단오절(端午節). 음양학에서 기수(奇數 : 홀수)는 양수(陽數)로, 5가 겹친 날이어서 중오절(重五節)이라고도 하고, 양수(陽數)가 겹친 날 중 가장 햇볕이 강한 날이라 해서 단양절(端陽節)이라고도 한다. 단오절은 1년 중 양기(陽氣)가 가장 왕성한 날이라 해서 예로부터 큰 명절로 여겨 왔다. 특히 이날 중국에서는 용선(龍船) 경기와 종자(粽子, 쭝쯔)를 먹는 풍습이 있는데, 이는 기원전 278년 음력 5월 5일 멱라강(汨羅江)에 투신한 중국의 위대한 시인 굴원(屈原)을 기리는 행사로부터 유래했다. 아울러 본격적인 여름이 시작되기 전 재액을 막기 위해 웅황주(雄黃酒)를 마시기도 한다.

43) 구일(九日) : 음력 9월 9일 중구절(重九節). 특히 이날은 한 해의 마지막 양(陽)이 겹치는 날이라 해서 중양절(重陽節)이라고 한다. 예로부터 이날에는 수유(茱萸) 주머니를 차고 높은 곳에 올라 국화주를 마시

는 풍습이 있었다. 당송(唐宋) 시대까지는 중추절(仲秋節)보다 더 큰 명절로 여기기도 했다.

43.

비라는 놈은
낮을 짧게도
밤을 길게도 만들 수 있구나

雨之爲物
能令晝短
能令夜長

44.

옛것 중 이제 전해지지 않는 것은
휘파람과
검술과
바둑과
타구라

古之不傳于今者
嘯也
劍術也
彈棋也
打毬44)也

---

44) 타구(打毬) : 예전에, 두 패로 갈라서 말을 타고 하던 운동 경기. 격구(擊毬)라고도 한다. 서양의 폴로 경기와 유사하다. 두 패로 나누어서 각각 말을 타고 내달아 넓은 마당의 한복판에 놓인 자기편의 공을 숟가락 모양의 채를 이용해 자기편 구문(毬門)에 먼저 넣으면 이긴다.

45.

시 쓰는 스님은 가끔 있더라만
도사 중에 시에 능한 이는
빈 골짜기 발자국 소리처럼 드무니
어째서인고?

詩僧時復有之
若道士之能詩者
不啻空谷足音
何也

46.

꽃이 되려거든 원추리 되고 지고
새가 되더라도 두견새는 되지 말길

當爲花中之萱草45)
毋爲鳥中之杜鵑46)

45) 훤초(萱草) : 원추리. '걱정 근심을 잊게 한다'는 뜻에서 망우초(忘憂草)라고도 한다. 옛날 효성이 지극했던 형제가 부모님을 잃은 슬픔과 근심을 무덤가에 원추리를 심음으로써 달랠 수 있었다는 설화에서 '망우초'라는 뜻이 유래했다. 나아가 남의 어머니를 높여 부르는 말인 '훤당(萱堂)' 또한 효자가 어머니를 모신 별당 마당에 걱정 근심을 잊게 하는 원추리를 가득 심은 데서 유래한다.

46) 두견(杜鵑) : 하루아침에 나라를 빼앗기고 타국으로 쫓겨난 촉(蜀)나라의 망제(望帝)가 촉나라로 돌아가지 못하는 자기 신세를 한탄하며 온종일 울다가 지쳐서 죽었는데, 한 맺힌 그의 영혼은 두견이라는 새가 되어 밤마다 불여귀(不如歸 : 두견새의 울음소리를 본뜬 말. 돌아가고 싶다는 뜻)라 부르짖으며 목구멍에서 피가 나도록 울었다고 한다. 훗날 사람들은 이 두견새를 망제의 죽은 넋이 변해서 된 새라 해서 '촉혼(蜀魂)'이라 불렀으며, 원조(怨鳥)·귀촉도(歸蜀道 : 두견새의 울음소리를 본뜬 말. 촉으로 돌아가고 싶다는 뜻)·망제혼(望帝魂)이라고도 불렀다.

47.

새끼들치고
꼴 보기 싫은 것 없다지만
오직 나귀만은 그렇지 않더라

物之穉者
皆不可厭
惟驢獨否

48.

여자 나이
열네다섯부터
스물네다섯까지
10년 동안은
방방곡곡 어디서나
그 음성 아리따워 마음을 움직이나
일단 용모를 보고 나면
미추가 분명히 드러나니
백문이 불여일견이란 말
이에 더욱 믿게 되었다

女子
自十四五歲
至二十四五歲
此十年中
無論燕秦吳越47)

---

47) 연진오월(燕秦吳越) : 옛 지명. 연(燕)은 지금의 허베이성(河北省)을 가리키는 말이고, 진(秦)은 산시성(陝西省), 오(吳)는 장쑤성(江蘇省) 우군(吳郡), 월(越)은 저장성(浙江省) 사오싱(紹興) 일대를 가리킨

其音大都嬌媚動人
一覩其貌
則美惡判然矣
耳聞不如目見
於此益信

다. 달리 말해 동서남북 전국 방방곡곡을 가리킨다.

49.

안락한 경지 구하자면
신선도를 배우고
괴로움 피하자면
불교를 배우시라
불교에서 말하는 극락세계는
뭇 괴로움이 닿지 못하는 곳이라더군

尋樂境
乃學仙
避苦趣
乃學佛
佛家所謂極樂世界者
蓋謂衆苦之所不到也

50.

부귀하되 수고롭고 마음 졸이느니
편안하고 한가로운 가난만 못하고
가난하되 제 잘난 체하는 짓은
겸손하고 공경스러운 부귀만 못하다

富貴而勞悴
不若安閒之貧賤
貧賤而驕傲
不若謙恭之富貴

51.

눈은 스스로를 보지 못하고
코는 자신을 냄새 맡지 못하며
혀는 스스로를 핥지 못하고
손은 자신을 잡지 못하지만
오직 귀만은 스스로 그 소리 들을 수 있노라

目不能自見
鼻不能自嗅
舌不能自舐
手不能自握
惟耳能自聞其聲

52.

무릇 소리는
거개가 멀리서 듣는 것이 좋다지만
오직 금(琴) 소리만은
멀리나 가까이나 모두 좋아라

凡聲
皆宜遠聽
惟聽琴
則遠近皆宜

53.

눈 뜨고도 글자를 알아보지 못한다면
그 근심, 눈먼 이보다 더하고
붓 대롱 잡고도 표현하지 못한다면
그 고통, 벙어리보다 더하다

目不能識字
其悶尤過于盲
手不能執管
其苦更甚於啞

54.

머리 맞대 글귀를 잇고

고개 기댄 채 문장을 논하며

궁중에서 천자의 명 받들어 시문을 짓고

속국으로 두루 사신 나간다면

인간사 즐거운 일 거의 다 한 것이리라

竝頭聯句

交頸論文

宮中應制

歷使屬國

皆極人間樂事

55.

《수호전》에

무송이 장문신을 힐난하며 말하길

어찌하여 이씨 성이 아니냐 했다

이 말 참으로 절묘하다

대저 성씨에는 아름다운 것도 있고 못난 것도 있는데

화·유·소·교와 같은 성씨는

풍류도 있고 운치도 지극하나

모·뇌·초·우 같은 성씨는

눈에도 거슬리고 귀에도 자극적이다

水滸傳
武松詰蔣門神云
爲何不姓李[48]

---

[48] 위하불성리(爲何不姓李) : 이 대목은 100회본《수호전(水滸傳)》제29회에 나오는 내용을 필자가 단장취의(斷章取義)한 것이다. 원래는 무송이 장문신을 직접 힐난하는 것이 아니라, 무송이 술집 심부름꾼에게 '너희 집 주인장 성이 무엇이냐?'고 묻자 심부름꾼이 '장씨입니다'라고 대답하고, 이에 무송이 '어찌하여 이씨 성이 아니냐'라고 버럭 소리치는 내용이다. 무송이 이리한 원래 까닭은 상대의 심사를 긁어 장문신을 불러내려는 도발의 뜻이었지, 이 글 내용과 같이 성씨의 우열을 평

此語殊妙
蓋姓實有佳有劣
如華如柳如雲如蘇如喬
皆極風韻
若夫毛也賴也焦也牛也
則皆塵於目而棘於耳者也

하려는 것은 아니었다. 필자는 이를 단장취의해 자신의 기준에 따른 성씨의 우열을 말하고 있지만, 실상 《수호전》의 원뜻과는 다르다.

56.

꽃 가운데 보기 좋고
향기도 맞춤한 것은
매화와 국화와 난초와 수선화와 주란과 연꽃이요
향기만 좋은 것은
구연과 계화와 서향과 치자와
재스민과 목향과 장미와 납매라
그 나머지는 보기에만 맞춤한 것들이다
꽃과 잎 모두 볼만한 것은
가을 해당화가 으뜸이요
연꽃이 그다음
해당화와 겨우살이와 개양귀비와 수선화가 또 그다음
이파리가 꽃보다 나은 것은
안래홍과 파초뿐이고
꽃과 잎 모두 볼만하지 않은 것은
백일홍과 목련이라

花之宜於目
而復宜於鼻者
梅也菊也蘭也水仙也珠蘭也蓮也

止宜於鼻者

櫞也桂也瑞香也梔子也

茉莉也木香也玫瑰也蠟梅也

餘則皆宜于目者也

花與葉俱可觀者

秋海棠爲最

荷次之

海棠酴醾虞美人水仙又次之

葉勝于花者

止雁來紅美人蕉而已

花與葉俱不足觀者

紫薇也辛夷也

57.

산림에 묻혀 고상한 이야기 나누는 이는
시장 통이나 조정에서 담론하길 좋아하지 않는다지
사실이 이와 같다면
《사기》나 《한서》 등은 갖다 버리고
읽지 못하게 함이 마땅하리라
대저 뭇 책들에 실린 일들은
모두가 예전 시장 통이나 조정에서의 일들이니

高語山林者
輒不喜談市朝
事審若此
則當竝廢史漢諸書
而不讀矣
蓋諸書所載者
皆古之市朝也

58.

구름이란 놈은
때로는 산처럼 우뚝하고
또 때로는 물처럼 넘쳐흐르기도 하며
때로는 사람이나 또는 짐승이나
새의 깃털이나 물고기 비늘 같기도 하다
해서 세상 만물 모두 그려 낼 수 있다지만
오직 구름만은 그려 낼 수 없나니
세상 사람들이 말하는 구름 그림은
억지로 갖다 붙인 이름일 뿐이다

雲之爲物
或崔巍如山
或瀲灩如水
或如人 或如獸
或如鳥毳 或如魚鱗
故天下萬物皆可畵
惟雲不能畵
世所畵雲
亦强名耳

59.

태평한 세상 만나서
산천에 깃들여 살되
관리들은 청렴하고
살림살이 넉넉하며
아내는 현숙하고
자식이 총명하면
사람살이 이만하면
모든 복 다 가졌다 하리

值太平世
生湖山郡
官長廉靜
家道優裕
娶婦賢淑
生子聰慧
人生如此
可云全福

60.

세상의 골동품들
만들기는 날로 세밀해지는데
값은 나날이 싸지기만 하니
백성 가난이야 이상할 것도 없다

天下器玩之類
其製日工
其價日賤
毋惑乎民之貧也

61.

꽃 기르는 꽃병은
높고 낮고 크고 작은 것들 중에서
꽃과 서로 어울리는 것을 써야 하고
얕고 깊고 짙고 옅은 색 가운데서는
꽃과 반대되는 것을 써야 한다

養花膽瓶
其式之高低大小
須與花相稱
而色之淺深濃淡
又須與花相反

62.

봄비는 은혜로운 조서와 같고
여름비는 사면장 같으며
가을비는 만가와 같구나

春雨如恩詔
夏雨如赦書
秋雨如輓歌

63.

열 살에 신동
스무 살에 재자
사오십에 명신
육십에 신선 되면
가히 완전한 사람이라 하겠다

十歲爲神童
二十三十爲才子
四十五十爲名臣
六十爲神仙
可謂全人矣

64.

무인이되 전쟁을 함부로 하지 않으면
그이는 무인 중의 문인이요
문인이되 고지식하지 않으면
그이는 문인 중의 무인이라

武人不苟戰
是爲武中之文
文人不迂腐
是爲文中之武

65.

문인이 군사를 강론함은
거개가 책에서 읽은 것들
무장이 문장을 논함은
반이 길거리에서 귀동냥한 것들

文人講武事
大都紙上談兵
武將論文章
半屬道聽塗說

66.

두방은
세 가지만 남길 만하다
아름다운 시문이 그 하나요
신선한 제목이 둘째이며
정교하고 아름다운 양식이 셋째다

斗方49)
止三種可存
佳詩文一也
新題目二也
精款式三也

---

49) 두방(斗方) : 글씨를 쓰거나 그림을 그리기 위한 용도로 마련한 사방 한 자 남짓한 네모난 종이.

67.

사랑의 감정은
필경 어리석음에 이르러야 비로소 진짜가 되고
재능은
반드시 멋을 겸해야 비로소 조화를 낳을 수 있다

情
必近于癡而始眞
才
必兼乎趣而始化

68.

꽃빛 예쁜 것은

향내가 짙지 않고

꽃잎 겹겹인 것은

열매가 많지 않다

너무하구나

온전한 재능 다 갖추기 어려움이여!

이 모두 다 갖춘 것은

연꽃뿐인가 하노라

凡花色之嬌媚者

多不甚香

瓣之千層者

多不結實

甚矣

全才之難也

兼之者

其惟蓮乎

69.

새 책 한 권 짓는 일
천추의 대업이요
옛 책에 각주 다는 일
만세의 위대한 공적이라

著得一部新書
便是千秋大業
注得一部古書
允爲萬歲宏功

70.

훌륭한 선생 초청해 자제들 가르치고
명산에 들어가 과거 공부 익히며
명사를 불러 대신 칼을 쥐게 하는 일
이 세 가지는 모두 불가능한 일

延名師訓子弟
入名山習擧業
丐名士代捉刀
三者都無是處

71.

획을 쌓아 글자를 이루고

글자 쌓아 문구를 이루며

문구 쌓아 한 편 완성하는 것

이를 일러 글이라 하는데

문체는 날로 증가하다

팔고에 이르러 마침내 멈추었다

고문과 시와 부와 사와

곡과 설부와 전기 소설 등은

모두 무에서 유를 창조한 것들이다

그것이 아직 있지 않았을 때는

이런 문체가 있을 줄 전혀 예상 못했으되

그런 문체가 생겨난 뒤로는

또 아주 자연스럽고 이상적인 듯

세상을 위해 반드시 있어야 할 것이 되었다

하나 명대 이후로는

이목을 일신할 새로운 문체가 보이지 않는다

멀리 백 년 후쯤에는

분명 그런 사람 있으련만

애석하구나! 그를 만나지 못할 따름이니

積畫以成字
積字以成句
積句以成篇
謂之文
文體日增
至八股[50]而遂止
如古文如詩如賦如詞
如曲如說部[51]如傳奇小說
皆自無而有
方其未有之時
固不料後來之有此一體也
逮旣有此一體之後
又若天造地設
爲世必應有之物
然自明以來
未見有創一體裁新人耳目者

50) 팔고(八股) : 명청(明淸) 시대에 과거 시험을 위해 고안된 문체. 글은 파제(破題)・승제(承題)・기강(起講)・입수(入手)・기고(起股)・중고(中股)・후고(後股)・속고(束股) 등 여덟 부분으로 구성한다. 글제목은 주로 사서(四書)에서 가져오고, 논술은 반드시 주희(朱熹)의 《사서장구집주(四書章句集注)》 등에 근거해야 하며, 개인의 창조적인 글쓰기는 허락되지 않는다.

51) 설부(說部) : 소설을 가리킨다. 그러나 여기서는 가벼운 수필류나 이것저것 잡다한 이야기를 엮은 잡문과 같은 것을 가리킨다.

遙計百年之後
必有其人
惜乎不及見耳

72.

구름은 해에 비쳐 노을이 되고
샘은 바위에 걸려 폭포를 이룬다
의탁하는 바가 달라지면
이름도 그에 따르는 법
이것이 바로 벗 사귐이 귀한 까닭이다

雲映日而成霞
泉挂巖而成瀑
所托者異
而名亦因之
此友道之所以可貴也

73.

대가의 글은
내가 좋아하고 흠모하는 바요
따라 배우기를 원하는 바다
명가의 문장은
내가 좋아하고 흠모는 하지만
감히 따라 배우지 못하겠다
대가를 따라 배우다 얻지 못하면
이른바 백조를 새기려다 다 못 새겨도
오히려 집오리나마 되련만
명가를 따라 배우다 터득하지 못하면
호랑이를 그리려다
도리어 개 되는 꼴이라

大家之文
吾愛之慕之
吾願學之
名家之文
吾愛之慕之
吾不敢學之
學大家而不得

所謂刻鵠不成
尙類鶩也
學名家而不得
則是畫虎不成
反類狗也

74.

계율로 말미암아 선정을 얻고
선정으로 말미암아 지혜를 터득해
힘써 행하면 점차 자연에 가까워지리
정을 단련하면 기로 바뀌고
기를 단련하면 신이 되리니
맑고 텅 빈 경지에 무슨 찌꺼기가 남으랴

由戒得定
由定得慧
勉强漸近自然
鍊精化氣
鍊氣化神
淸虛有何渣滓

75.

동서남북은
정해진 방위이나
전후좌우는
정해진 자리가 없다

南北東西
一定之位也
前後左右
無定之位也

76.

　나는 일찍이 불교와 도교는 폐기할 수 없다고 했다. 이는 불교의 진부한 말을 답습한 것이 아니다. 대개 이름난 산이나 뛰어난 경치는 우리가 매번 바지 걷고 아무 때나 가 보고 싶어 한다. 그런데 도관이나 절이 아니라면 피곤할 때 걸음을 멈출 곳이 없고, 배고플 때면 누가 밥을 줄 것인가? 문득 거센 바람 폭우가 내리치면 소나무가 과연 의지하기에 충분할 것인가? 또 언덕이나 구릉이나 깊은 골짜기는 하루도 견디기 어려울 것이니 어찌 노숙하며 다음 날을 기다릴 수 있으랴! 게다가 호랑이나 표범이나 독사가 사람 해치는 근심으로부터 보호할 수 있을 것인가? 혹여 사대부가 소유한 곳이 있다손 치더라도 과연 주인에게 물어보지도 않고 내 마음대로 그곳에 올라 회포를 푼다면 그것을 막지 않을 것인가? 이뿐만이 아니다. 갑이 소유한 것을 을이 빼앗으려 하니 이에 분쟁의 실마리가 열린다. 할아버지가 세운 건물을 가난한 자손이 수리할 여력이 없어 무너져 가는 형상은 도리어 산천의 빛깔을 퇴색시키기에 족하리라. 그러나 이는 명산 절경에 한해서 하는 말이다. 즉, 도시 내 사통팔달 사거리에도 이에 모자라지 않는 것이 있다. 나그네들이 노니니 머물 정자를 지을 수 있음이 그 하나요, 먼 길에 잠시 쉴 수 있음이 그 둘이요, 여름에는 차로 겨울에는 뜨거운 생강차로 노동자나 짐을 진 사람들의 피곤을 풀어 주는 것이 그 셋이다. 이는 모두 일의 이치에 따라 말하는 것이지, 불교나 도교의 업보설이 아니다.

予嘗謂 二氏52)不可廢 非襲夫大養濟院53)之陳言也 皆名山勝境 我輩每思褰裳就之 使非琳宮梵刹54) 則倦時無可駐足 飢時誰與授餐 忽有疾風暴雨 五大夫55)果眞足恃乎 又或邱壑深邃 非一日可了 豈能露宿以待明日乎 虎豹蛇虺 能保其不爲人患乎 又或爲士大夫所有 果能不問主人 任我之登陟憑弔 而莫之禁乎 不特此也 甲之所有 乙思起而奪之 是啓爭端也 祖父之所創建 子孫貧 力不能修葺 其傾頹之狀 反足令山川減色矣 然此特就名山勝境言之耳 卽城市之內與夫四達之衢 亦不可少此

52) 이씨(二氏) : 불교와 도교를 가리킨다.

53) 대양제원(大養濟院) : 불교를 가리키는 말. 늙은이나 고아, 과부 및 가난한 사람이나 거지 등을 위해 나라에서 설치한 무료 급식소를 양제원(養濟院)이라 한다. 명대(明代) 사람들은 이를 전용해 불교를 대양제원이라고 불렀다.

54) 임궁범찰(琳宮梵刹) : 도관(道觀)과 사원. 임궁(琳宮)은 도관을 가리키는 미칭이고, 범찰(梵刹)은 사원을 가리키는 일반적인 명칭이다.

55) 오대부(五大夫) : 소나무의 별칭. 예전 진시황(秦始皇)이 봉선(封禪) 의식을 위해 태산(泰山)에 올랐다가 비를 만나 소나무 아래서 피했는데, 진시황은 그 후 그 소나무를 오대부에 봉했다고 한다.

一種 客遊 可作居停 一也 長途 可以稍憩 二也 夏之茗 冬之薑湯 復可以濟役夫負戴之困 三也 凡此皆就事理言之 非二氏福報之說也

77.

글씨 잘 못 쓰더라도
붓과 벼루는 뛰어나지 않으면 안 되고
의학을 업으로 삼지 않더라도
약방문은 남겨 두지 않으면 안 된다
바둑을 잘 두지 못하더라도
바둑판과 돌은 구비하지 않으면 안 된다

雖不善書
而筆硯不可不精
雖不業醫
而驗方不可不存
雖不工弈
而楸枰不可不備

78.

방외지사가 술 멀리할 이유 없다만
속세의 홍진은 멀리해야만 하고
여인네가 글에 통달할 필요는 없다지만
운치는 반드시 있어야 한다

方外56)不必戒酒
但須戒俗
紅裙57)不必通文
但須得趣

---

56) 방외(方外) : 세속적인 예교(禮敎) 밖에서 초연한 사람. 스님과 도사를 가리킨다.

57) 홍군(紅裙) : 아녀자들이 입는 붉은 치마. 여인들을 가리킨다.

79.

매화 곁 바위는 예스러워야 하고
소나무 아래 바위는 고졸해야 하며
대나무 옆 바위는 수척해야 하고
분재 속 바위는 정교해야 한다

梅邊之石宜古
松下之石宜拙
竹傍之石宜瘦
盆內之石宜巧

80.

자신 다잡기는 추상같이
처세는 봄기운같이

律己宜帶秋氣
處世宜帶春氣

81.

지긋지긋한 세금 독촉 흥을 깨자면
일찌감치 세금을 완납하는 것이 좋고
늙은 중의 선담을 좋아하면
평소 보시를 피할 수 없다

厭催租之敗意
亟宜早早完糧
喜老衲之談禪
難免常常布施

82.

소나무 아래 금(琴) 소리
달 아래 퉁소 소리
시냇가 폭포 소리
산속 범패 소리
각기 서로 달리 들리누나

松下聽琴
月下聽簫
澗邊聽瀑布
山中聽梵唄
覺耳中別有不同

83.

달 아래서 선을 담론하면
운치가 더욱 깊어지고
달 아래서 검을 얘기하면
간담은 더욱 진실해진다
달 아래서 시를 논하면
풍치 더욱 그윽해지고
달 아래서 미인을 마주하면
사랑의 감정 더욱 깊어진다

月下談禪
旨趣益遠
月下說劍
膽肝益眞
月下論詩
風致益幽
月下對美人
情意益篤

84.

땅 위의 산수가 있고
그림 속 산수가 있으며
꿈속의 산수가 있고
가슴속 산수가 있다
땅 위의 산수는
그 절묘함이 깊고 아득한 구릉과 계곡에 있고
그림 속 산수는
그 오묘함이 필묵의 번짐에 있다
꿈속 산수는
경치와 물상의 환상적 변화에 오묘함이 있고
가슴속 산수는
그 절묘함이 배치를 마음대로 할 수 있다는 데 있다

有地上之山水
有畵上之山水
有夢中之山水
有胸中之山水
地上者
妙在丘壑深邃
畵上者

妙在筆墨淋漓
夢中者
妙在景象變幻
胸中者
妙在位置自如

85.

하루 계획은 파초 심기
일 년 계획은 대나무 심기
십 년 계획은 버드나무 심기
백 년 계획은 소나무 심기

一日之計種蕉
一歲之計種竹
十年之計種柳
百年之計種松

86.

봄비, 책읽기에 알맞고
여름비, 바둑 두기에 맞춤하며
가을비, 서적 점검해 간수하기에 알맞고
겨울비, 술 마시기 딱 맞다

春雨宜讀書
夏雨宜弈棋
秋雨宜檢藏
冬雨宜飲酒

87.

시문의 문체는
추상같은 기운을 띠어야 아름답고
사곡의 문체는
봄기운을 띠어야 아름답다

詩文之體
得秋氣爲佳
詞曲之體
得春氣爲佳

88.

베껴 쓰는 글씨

그리 우아할 필요 없으나

비단에다 쓴다면

아름다움을 구하지 않을 수 없지

읽기 위한 책일랑

굳이 완비할 필요 없으나

참고하기 위한 책이라면

완비하지 않으면 안 되지

유유자적 편력할 산천은

구태여 절묘할 필요 없으나

머물러 살자면

절묘하지 않으면 안 되지

抄寫之筆墨
不必過求其佳
若施之縑素58)
則不可不求其佳

---

58) 겸소(縑素) : 흰 비단. 글씨를 쓰거나 그림을 그리는 용도로 쓴다.

誦讀之書籍
不必過求其備
若以供稽考
則不可不求其備
遊歷之山水
不必過求其妙
若因之卜居
則不可不求其妙

89.

성인이 아니니
어찌 다 알 수 있으랴만
하나를 알면
그 하나에서 그치지 않고
다시 둘을 알고자 하는 이
그런 이가 으뜸이라
하나를 앎에 그쳤다가
다른 이의 말을 듣고
둘이 있음을 아는 이
그런 이가 다음이요
하나를 앎에 그쳤다가
둘이 있다는 소리를 듣고도
그것을 믿지 않는 이
그런 이가 또 그다음이요
하나만 알고
둘이 있다 말하는 사람을 미워하는 이
하수 중의 하수라

人非聖賢

安能無所不知
祇知其一
惟恐不止其一
復求知其二者
上也
止知其一
因人言
始知有其二者
次也
止知其一
人言有其二
而莫之信者
又其次也
止知其一
惡人言有其二者
斯下之下矣

90.

사관이 기록하는 것은
수직 세계요
직방이 등재하는 것은
횡적 세계다

史官所紀者
直世界也
職方59)所載者
橫世界也

---

59) 직방(職方) : 관직명. 고대에는 천하의 지도(地圖)와 사방 오랑캐의 물산 등을 관장했다. 후대에도 이를 연용해 명청 시대에도 병부(兵部) 내에 직방사(職方司)를 설치해 강역의 지적도와 호적을 관장했다.

91.

선천 팔괘는
세로로 보고
후천 팔괘는
가로로 봐야 한다

先天八卦60)

60) 선천팔괘(先天八卦) : 팔괘(八卦)는 《주역(周易)》을 구성하는 가장 기본이 되는 여덟 가지 괘(卦)다. 전설 속 인물 복희씨(伏羲氏)가 창안했다고 전해지며, 건(乾 ☰)·태(兌 ☱)·이(離 ☲)·진(震 ☳)·손(巽 ☴)·감(坎 ☵)·간(艮 ☶)·곤(坤 ☷)으로 이루어져 있다. 송(宋)나라 때 유명한 역학자였던 소옹(邵雍)은 《주역》의 괘도(卦圖)를 해설하고 선천도(先天圖)와 후천도(後天圖)로 구분해, 복희씨의 팔괘는 선천팔괘, 주(周)나라 문왕(文王)의 팔괘는 후천팔괘라 했다. 이를 체용(體用)의 관계로 보면 선천팔괘는 체, 후천팔괘는 용에 주안점을 두고 있다. 선천팔괘는 복희씨가 황하에서 얻은 하도(河圖)를 기반으로 천지자연의 이치가 구체적인 현상체로 나타날 수 있는 기본 원리를 표상한 것이다. 상생(相生)의 이치를 기반으로 음양(陰陽)이 상보적(相補的)이 되도록 각 괘의 위치를 대대(對待)가 되도록 구성한바, 천지자연의 동서남북 상하좌우와 같은 외면적 공간적 구성에 주안점을 둔 방식이다. 곧 위는 건(乾)으로서 하늘을 나타내고 방위는 남쪽이다. 아래는 곤(坤)으로서 땅을 나타내고 방위는 북쪽이다. 왼쪽은 이(離)이며 불을 나타내고 방위는 동쪽이다. 오른쪽은 감(坎)이며 물을 뜻하고 방위는 서쪽

堅看者也
後天八卦61)

이다. 이는 팔괘 중 우리나라 태극기에 활용된 네 가지 괘다. 이처럼 각각의 괘는 상보적 음양 관계로 구성되어 있으며, 이와 같은 대대적 현상 속에 천지자연이 유행하는 작용이 함유되어 있다고 본다.

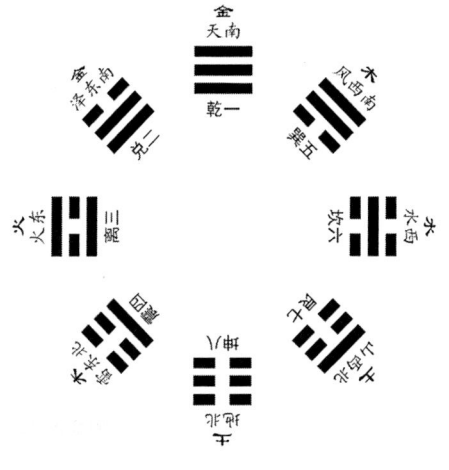

선천팔괘도

61) 후천팔괘(後天八卦) : 후천팔괘는 문왕팔괘(文王八卦)라고도 하는데, 주나라 문왕이 전설 속 우(禹)임금 때 발견된 낙서(洛書)를 기반으로, 복희씨의 선천팔괘를 재배치해 구성했다. 선천팔괘가 상호 대대적 음양 관계로 각 괘의 위치가 구성되며 각 괘의 방위도 정해진 반면, 후천팔괘는 변화에 초점을 맞추어 일월(日月)이 운행하고 추위와 더위가 서로 갈마들며 교류해 작용하는 천문(天文)의 이치를 담고 있다. 선천팔괘가 상생의 원리에 기반한 천지자연의 공간적 구성에 주안점을 두었음에 반해 후천팔괘는 사시(四時)가 서로 대립하고 상극(相克)하며

橫看者也

운행하는 시간적 변화와 발전에 주안점을 두고 있다. 즉, 후천팔괘는 변화의 성능적 측면에 중점을 둔 방식이라 하겠다.

후천팔괘도

92.

책 간직하기는 어렵지 않으나
제대로 보기가 어렵고
책 보기는 어렵지 않으나
제대로 읽을 줄 알기 어렵다
책 읽기는 어렵지 않으나
제대로 활용하기 어렵고
활용하기 어렵지 않으나
제대로 기억하기 어렵다

藏書不難
能看爲難
看書不難
能讀爲難
讀書不難
能用爲難
能用不難
能記爲難

93.

벗들 가운데서 지기 구하기는 쉬우나
처첩들 중에서 지기 찾기는 어렵고
임금과 신하 사이에서 지기를 구하기란
더더욱 어렵고도 어렵다

求知己於朋友易
求知己於妻妾難
求知己於君臣
則尤難之難

94.

누가 선한 사람인가?
세상에 손해를 끼치지 않는 사람
그런 사람을 선인이라 한다
누가 악한 사람인가
세상에 해악을 끼치는 사람
그를 일러 악인이라 한다

何謂善人
無損於世者
則謂之善人
何謂惡人
有害于世者
則謂之惡人

95.

시간이 있어 독서할 수 있는 것이 복이요
힘이 있어 다른 이 도울 수 있는 것이 복이다
학문을 쌓아 저술할 수 있는 것이 복이요
시시비비가 귀에 들리지 않음이 복이며
많이 아는 정직한 벗 있음이 복이다

有工夫讀書謂之福
有力量濟人謂之福
有學問著術謂之福
無是非到耳謂之福
有多聞直諒之友謂之福

96.

인생의 즐거움 중 한가함만 한 것이 없다
한가함이란 일 없는 것을 말하는 것이 아니다
한가하면 책을 읽을 수 있고
명승지를 유람할 수 있으며
유익한 친구를 사귈 수 있고
술을 마실 수 있으며
책을 쓸 수 있다
그러니 온 세상 즐거움 중
무엇이 이보다 더 크겠는가

人莫樂於閒
非無所事事之謂也
閒則能讀書
閒則能遊名勝
閒則能交益友
閒則能飮酒
閒則能著書
天下之樂
孰大於是

97.

문장은 책상 위 산수요
산수는 지상의 문장이라

文章是案頭之山水
山水是地上之文章

98.

　평성·상성·거성·입성은 정해진 지극한 이치다. 그러나 입성이 되는 글자는 적으니 글자에 모두 사성이 있다고 할 수는 없다. 흔히 평측을 조율할 때, 입성에 맞는 글자가 없으면 종종 서로 어울리지 않는 음을 그 아래에 예속시키기도 한다. 이렇게 예속된 글자가 만약 평성·상성·거성 등의 삼성이 없으면 그것은 곧 과부를 홀아비에게 짝지어 준 것처럼 옳다고 할 수 있다. 그러나 만약 예속된 글자에 평·상·거 등의 삼성이 있으면, 이는 억지로 나를 따르게 해 지아비가 있는 아내를 겁탈한 꼴이 되니 어찌 옳다 하랴? 잠시 시의 운자를 가지고 얘기해 보자. 동(東)이나 동(冬) 같은 운자는 입성이 없다. 그런데 요즘 사람들은 동(東)·동(董)·동(凍)·독(督) 등을 같은 운자로 짝짓는다. 그러나 독(督)의 음은 도(都)·도(睹)·투(妬) 등의 아래에 붙이는 것이 합당하다. 만약 동(東)·동(董)·동(凍)에 귀속시키면 또 어찌 도(都)·도(睹)·투(妬)를 지아비로 삼을 수 있겠는가? 만약 동(東)·도(都)가 모두 독(督) 자로 입성을 삼는다면 이는 한 아내에 두 지아비 꼴이다. 삼강[三江 : 강(江)·강(講)·강(絳)]에는 입성이 없다. 그런데 요즘 사람들은 이를 강(江)·강

(講)·강(絳)·각(覺)으로 죄다 조율해 버리니, 각(覺)의 소리가 마땅히 교(交)·교(敎) 아래에 부기되어야 한다는 사실을 모른다. 이와 같은 경우는 일일이 다 거론할 수 없을 정도다. 그러한즉, 어찌해야 옳은가? 말한다. 홀아비는 홀아비 소리를 들어야 하고, 과부는 과부 소리를 들어야 하며, 부부가 온전한 자는 온전하게 두어 각기 서로 상관하지 않아야 할 따름이리라. 동(東)·동(冬)·환(歡)·환(桓)·한(寒)·산(山)·진(眞)·문(文)·원(元)·연(淵)·선(先)·천(天)·경(庚)·청(靑)·침(侵)·염(鹽)·함(咸) 등에는 모두 입성이 없다. 옥부(屋部)와 옥부(沃部)에 포함된 독(禿)·독(獨)·곡(鵠)·속(束) 등은 어(魚)와 우(虞)의 운자(韻字)에 포함된 도(都)·도(圖) 등의 입성이다. 복(卜)·목(木)·육(六)·복(僕) 등은 오가부(五歌部)의 입성이며, 옥(玉)·국(菊)·옥(獄)·육(育) 등은 우부(尤部)의 입성이다. 삼각(三覺)과 십약(十藥) 등은 마땅히 소(蕭)·효(餚)·호(豪)의 입성에 귀속되어야 하고, 질(質)·석(錫)·직(職)·집(緝) 등은 지(支)·미(微)·제(齊)에 귀속되어야 함이 마땅하다. 질부(質部) 내의 귤(橘)·졸(卒) 및 물부(物部)의 울(鬱)·굴(屈)은 당연히 우(虞)·어(魚)에 귀속되어야 한다. 물부(物部) 내의 물(勿)·물(物) 등의 음에는 평성·상성·거성이 없다. 흘(訖)·걸(乞) 등은 사지(四支)의 입성이고, 맥부(陌部)의 가(佳)·회(灰) 등의 반은 개(開)·내(來) 등의 입성이다. 월부(月部)의 월(月)·궐(厥)·알(謁) 등과 소(屑)·엽(葉) 등의 2부는 옛날엔 평성·상성·거성이

없었으나, 지금은 중주운(中州韻) 내의 차(車)·차(遮) 등의 입성이 되었다. 벌(伐)·발(髮) 등과 갈부(曷部)의 괄(括)·적(適) 및 팔힐(八黠)의 전부, 그리고 십오합(十五合) 내의 여러 글자와 십칠흡(十七洽)의 전부는 모두 육마(六麻)의 입성이다. 갈부(曷部) 내의 찰(撮)·활(闊) 등과 합부(合部)의 합(合)·합(盒) 등 몇몇 글자는 모두 평성·상성·거성이 없다. 해서 만약 집(緝)·합(合)·엽(葉)·흡(洽) 등으로 폐구운(閉口韻)을 삼자면, 평성·상성·거성이 없는 글자(과부)로 써야 마땅하지, 침(侵)·침(寢)·집(緝)·함(咸)·함(喊)·함(陷)·흡(洽) 등으로 조율해서는 안 된다

平上去入 乃一定之至理 然入聲之爲字也少 不得謂凡字皆有四聲也 世之調平仄者 於入聲之無其字者 往往以不相合之音隷於其下 爲所隷者 苟無平上去之三聲 則是以寡婦配鰥夫 猶之可也 若所隷之字 自有其平上去之三聲 而欲强以從我 則是干有夫之婦矣 其可乎 姑就詩韻言之 如東冬韻 無入聲者也 今人盡調之東董凍督 夫督之爲音 當附於都睹妒之下 若屬之於東董凍 又何以處夫都睹妒乎 若東都二字 俱以督字爲入聲 則是一婦而兩夫矣 三江無入聲者也 今人盡調之以江講絳覺 殊不知覺之爲音 當附於交教之下者也[62] 諸如此類 不勝其擧

---

62) 당부어교교지하자야(當附於交敎之下者也) : 중국어 음운(音韻)과 관련한 사항이다. 각(覺)의 한자음은 둘이다. '깨닫다'라고 훈(訓)을 먹일 때는 '각'으로 읽고 중국어 음도 '쥐에(jué)'라고 읽는다. 반면 '(잠을) 깨다'라고 할 때는 '교'로 읽고 중국어 음도 '지아오(jiào)'다. 그런 의미

然則如之何而後可 曰 鰥者聽其鰥 寡者聽其寡 夫婦全者安其全　各不相干而已矣東冬歡桓寒山眞文元淵先天庚靑侵鹽咸諸部皆無入聲者也　屋沃內如禿獨鵠束等字　乃魚虞韻內都圖等字之入聲　卜木六僕等字 乃五歌部之入聲 玉菊獄育等字 乃尤部之入聲 三覺十藥 當屬於蕭餚豪 質錫職緝 當屬於支微齊 質內之橘卒 物內之鬱屈 當屬於虞魚 物內之勿物等音 無平上去者也 訖乞等 四支之入聲也 陌部乃佳灰之半 開來等字之入聲也 月部之月厥謁等及屑葉二部 古無平上去 而今則爲中州韻內車遮諸字之入聲也 伐髮等字及曷部之括適及八點全部 又十五合內諸字 又十七洽全部 皆六麻之入聲也 曷內之撮闊等字 合部之合盒數字 皆無平上去者也 若以緝合葉洽爲閉口韻 則止當謂之無平上去之寡婦 而不當調之以侵寢緝咸喊陷洽也

에서 필자는 '覺'을 '교(交 : jiāo)' '교(敎 : jiào)'와 같은 음운 계열로 보아 이렇게 말한 것이다.

99.

《수호전》은 분노의 책이고
《서유기》는 깨달음의 책이며
《금병매》는 슬픔의 책이다

水滸傳是一部怒書
西遊記是一部悟書
金瓶梅是一部哀書

100.

독서가 가장 즐겁다
사서를 읽노라면
기쁨은 적고 화가 치미는 일이 많다
하나 곰곰이 궁구해 보노라면
화나는 곳 또한 즐거운 곳이다

讀書最樂
若讀史書
則喜少怒多
究之
怒處亦樂處

101.

옛사람이 밝히지 못한 이론을 밝혀야
비로소 기이한 책이라 하리
처자에게도 말하기 어려운 감정을 말할 수 있어야
그제야 가까운 친구라 하리

發前人未發之論
方是奇書
言妻子難言之情
乃爲密友

102.

 곧은 선비에게는 반드시 친밀한 벗이 있다. 친밀한 벗이라고 해서 생사를 함께하는 사귐일 필요는 없다. 비록 수천 수백 리 멀리 떨어져 있더라도 서로 믿으며, 뜬소문에 동요하지 않으면 된다. 친구를 비방하는 소리를 들으면 곧 그를 위해 여러 방면으로 변호하고 사실을 분명하게 판별한 후, 마땅히 해야 할 일과 그쳐야 할 일을 대신해 계획하고 결단한다. 친구에게 이해관계가 얽힌 중요한 고비가 찾아오면 그가 필요로 하는 것을 확인한 후 도와준다. 그렇다고 해서 그 사실을 친구가 알도록 하지도 않으며, 또한 그 일이 나에게 부담이 되느냐 아니냐를 고려하지도 않은 채 온 힘을 다해 그 일을 책임진다. 이것이 이른바 친밀한 벗이라 하는 것이다.

 一介之士必有密友 密友不必定是刎頸之交 大率雖千百里之遙 皆可相信 而不爲浮言所動 聞有謗之者 卽多方爲之辯析而後已 事之宜行宜止者 代爲籌畫決斷 或事當利害關頭 有所需而後濟者 卽不必與聞 亦不慮其負我與否 竟爲力承其事 此皆所謂密友也

103.

풍류는 혼자 즐기되
다만 꽃과 새들과 짝할 뿐
진솔함 그 누가 아나
안개와 노을의 공양을 받는다네

風流自賞
祇容花鳥趨陪
眞率誰知
合受煙霞供養

104.

세상만사 다 잊을 수 있다지만
그래도 지울 수 없는 한 가지
명예로운 마음 한 조각
온갖 가지 다 담담해질 수 있다지만
아직도 담담해지지 못한 한 가지
맛난 술 석 잔

萬事可忘
難忘者
名心一段
千般易淡
未淡者
美酒三杯

105.

마름과 연은 먹을 수도 있고
또 옷 지어 입을 수도 있지
쇠나 돌은 그릇을 만들 수도 있고
또 복용할 수도 있지

菱荷可食
而亦可衣
金石可器
而亦可服

106.

듣기도 좋고 보기도 좋은 것은
금(琴) 타는 모습과 퉁소 부는 모습
듣기는 좋으나 보기에 좋지 않은 것은
생황 부는 모습과 피리 누르는 모습

宜於耳復宜於目者
彈琴也吹簫也
宜於耳不宜於目者
吹笙也擫管也

107.

새벽에 화장하는 모습을 보려면
분을 바른 후라야 적당하다오

看曉粧
宜于傅粉之後

108.

모를레라
내 전생에
춘추 시대에 태어나
서시와 일면식을 가져 보았던가?
전오의 시절에
위개를 만나 보았던지?
의희 연간에
도연명과 한번 취해 보았는지?
당 현종 천보 연간에
양귀비를 한번 본 적이 있었던가?
송 신종 원풍 연간에
소동파와 안면이 있었던가?
천고의 세월에 그리운 이
이 몇몇뿐이랴마는
개중에도 이들은
더욱 그리운 이들이라
해서 잠시 거론했으니
이로써 나머지를 개괄하노라

我不知
我之生前
當春秋之季
曾一識西施63)否
當典午64)之時
曾一看衛玠65)否
當義熙66)之世
曾一醉淵明否
當天寶67)之代
曾一覩太眞否
當元豊68)之朝

63) 서시(西施): 춘추 전국 시대 중국의 전설적인 미녀.

64) 전오(典午): 전(典)은 '관장하다'라는 뜻의 사(司)와 같은 말이고, 오(午)는 열두 띠 가운데 말[馬]에 해당한다. 그러므로 전오는 '사마(司馬)'를 가리키는 은어이며, 나아가 사마씨가 정권을 잡았던 진(晉)나라를 대신하는 말로도 쓰인다.

65) 위개(衛玠, 286~312): 풍채가 탁월했으며, 태자세마(太子洗馬)를 지냈다. 후에 난을 피해 건업(建業)에 이르렀을 때, 당시 사람들이 그의 뛰어난 용모에 대한 소문을 듣고 그를 보려 길을 가득 메웠다고 한다. 또한 평생 얼굴에 희로애락을 나타내지 않았다고 한다. 뛰어난 용모 때문에 옥인(玉人)이란 칭송을 받았다. 27세에 죽었는데, 당시 누군가에게 피살되었다는 설이 난무했다.

66) 의희(義熙): 진(晉)나라 안제(安帝)의 연호(405~418).

67) 천보(天寶): 당(唐) 현종(玄宗)의 연호(742~756).

68) 원풍(元豊): 송(宋) 신종(神宗)의 연호(1078~1085).

曾一晤東坡否
千古之上相思者
不止此數人
而此數人
則其尤甚者
故姑舉之
以概其餘也

109.

또 모를레라
융경・만력 연간에
일찍이 구원에서
명기 몇과 사귀었던가?
미공・백호・약사・적수 등 이 군자들과
함께 담소하길 그 몇 번이었을까?
넓고 넓은 이 우주에서
나는 이제 누구에게 물어볼꼬?

我又不知
在隆萬69)時
曾於舊院70)中
交幾名妓
眉公伯虎若士赤水71)諸君

69) 융만(隆萬) : 융경(隆慶)과 만력(萬曆)의 줄임말. 융경은 명(明) 목종(穆宗)의 연호(1567~1572)이고, 만력은 명 신종(神宗)의 연호(1573~1620)다.

70) 구원(舊院) : 청루(靑樓). 기생집.

71) 미공백호약사적수(眉公伯虎若士赤水) : 미공(眉公)은 명대의 문학

曾共我談笑幾回
茫茫宇宙
我今當向誰問之耶

가 진계유(陳繼儒, 1558~1639), 백호(伯虎)는 명대의 화가이자 문학가 당인(唐寅, 1470~1524), 약사(若士)는 명대의 극작가 탕현조(湯顯祖, 1550~1616), 적수(赤水)는 명대 문학가 도융(屠隆, 1543~1605)을 말한다.

110.

문장이란 자구가 있는 비단이요
비단은 자구 없는 문장이라
이 둘은 한 근원에서 나왔다
잠시 거칠게 논해 보자면
금릉이나 무림이나 고소성의 경우처럼
책방이 있는 곳이 바로
곧 베틀과 북이 있는 곳이다

文章是有字句之錦繡
錦繡是無字句之文章
兩者同出于一原
姑卽粗跡論之
如金陵如武林如姑蘇
書林之所在
卽機杼之所在也

111.

나는 일찍이 법첩(法帖)의 글자들을 모아 시를 지어 보았는데, 그중 글자가 서로 겹치지 않으면서 또 글자 수도 많기로는 《천자문》보다 나은 것이 없었다. 그럼에도 현재 시인들이 상용하는 글자들은 다 갖추어져 있지 않았다. 예컨대, 천문의 경우 안개[烟]·노을[霞]·바람[風]·눈[雪], 지리의 경우 강(江)·산(山)·연못[塘]·언덕[岸], 절기의 경우 봄[春]·밤[霄]·새벽[曉]·저녁[暮], 인물의 경우 늙은이[翁]·스님[僧]·어부[漁]·나무꾼[樵], 꽃과 나무의 경우 꽃[花]·버들[柳]·이끼[苔]·부평초[萍], 짐승의 경우 벌[蜂]·나비[蝶]·꾀꼬리[鶯]·제비[燕], 궁실의 경우 누대[臺]·난간[檻]·처마[軒]·창문[窓], 기물의 경우 조각배[舟]·큰 배[船]·호로병[壺]·지팡이[杖], 인간사의 경우 꿈[夢]·기억[憶]·근심[愁]·회한[恨], 의복의 경우 치마[裙]·소매[袖]·채색 비단[錦]·무늬 비단[綺], 음식의 경우 차(茶)·장(漿)·마심[飲]·술 따름[酌], 신체의 경우 수염[鬚]·눈썹[眉]·운치[韻]·모양[態], 말소리와 얼굴빛의 경우 빨강[紅]·녹색[綠]·향기[香]·농염함[艷], 문사의 경우 소(騷)·부(賦)·제(題)·읊조림[吟], 숫자의 경우 일(一)·삼(三)·쌍(雙)·반(半) 등은 《천자문》에 들어 있지 않다. 《천자문》도 이러할진대, 하물며 그 나머지임에랴!

　予嘗集諸法帖[72]字爲詩 字之不複而多者 莫善于千字文 然詩家目前常用之字 猶苦其未備 如天文之烟霞風雪 地理之江山塘岸 時令之春霄曉暮 人物之翁僧漁樵 花木之花柳苔萍 鳥獸之蜂蝶鶯燕 宮室之臺檻軒窓 器用之舟船壺杖 人事之夢憶愁恨 衣服之裙袖錦綺 飮食之茶漿飮酌 身體之鬢眉韻態 聲色之紅綠香艶 文史之騷賦題吟 數目之一三雙半 皆無其字 千字文且然 況其他乎

---

72) 법첩(法帖) : 명가들의 서예 작품 탁본집이나 영인집.

112.

　　차마 저 꽃 떨어짐을 보지 못하겠고
　　차마 저 달 떨어짐을 보지 못하겠으며
　　차마 저 미인 요절함을 보지 못할레라

　花不可見其落
　月不可見其沈
　美人不可見其夭

113.

꽃을 심었으면 개화를 보아야 하고
달을 기다리자면 만월을 보아야지
글을 지었으면 끝을 보아야 하고
미인은 그 흐뭇한 모습 보아야 하리니
바야흐로 그러한 실제가 있어야 하나니
그렇지 않다면 다 쓸모없는 짓

種花須見其開
待月須見其滿
著書須見其成
美人須見其暢適
方有實際
否則皆爲虛設

114.

혜시는 다방면에 걸쳐
그 저서가 다섯 수레라 하고
우경은 근심에 젖어 글을 지었다는데
지금은 아무것도 전하지 않는다
모를 일이라
저들 책 속에 과연 어떤 말들이 들었을꼬?
옛사람 뵙지 못하니
어찌 한스럽지 않으랴!

惠施73)多方
其書五車
虞卿74)以窮愁著書

---

73) 혜시(惠施) : 전국 시대(戰國時代) 송(宋)나라 철학자. 혜자(惠子)라고도 하며, 중국 고대 철학의 한 유파인 명가(名家)의 대표자다. 그의 저술은 한때 '그 분량이 다섯 수레나 된다'고 할 만큼 많았지만 오늘날 모두 사라지고, 《장자(莊子)》에 인용된 '10개의 역설'만이 알려져 있다.

74) 우경(虞卿) : 전국 시대 유세가(遊說家). 조(趙)나라에 유세해 상경(上卿)이 되었다. 합종설(合從說)을 주장했다. 훗날 위(魏)나라의 재상 위제(魏齊)를 구하려 재상의 자리를 버리고 위제와 함께 도망갔다. 양

今皆不傳
不知
書中果作何語
我不見古人
安得不恨

(梁)나라에서 곤경에 처해 근심에 젖어 《우씨춘추(虞氏春秋)》라는 책을 지었다고 하는데, 지금은 전하지 않는다.

115.

송홧가루는 양식 삼고
솔방울은 향 만들고
솔가지는 먼지떨이 만들고
솔 그늘은 휘장이 되고
솔바람은 음악이 된다네
산에 살면서 큰 솔 100여 그루만 얻어도
정말이지 그 쓰임새 무궁무진할 터

以松花爲糧
以松實爲香
以松枝爲麈尾[75]
以松陰爲步障
以松濤爲鼓吹
山居得喬松百餘章
眞乃受用不盡

---

[75] 주미(麈尾) : 먼지떨이. 예전엔 낙타나 사슴의 꼬리로 먼지떨이를 만들었기에 그리 이름 붙었다.

116.

달구경하는 법이야
밝고 깨끗한 달은 우러러보고
흐릿하니 몽롱하면 굽어보아야 할 터

玩月之法
皎潔則宜仰觀
朦朧則宜俯視

117.

방긋 웃는 어린아이
아무것도 모르지
눈으로는 미추를 분별하지 못하고
귀로는 청탁을 판단하지 못하며
코로는 향기와 악취를 분별하지 못하지
하나 달고 쓴 맛은
정확히 알지는 못한대도
취하기도 버릴 줄도 안다네
고자가 음식남녀는 본성이라 했는데
아마도 이런 것을 가리킨 것이리라

孩提之童
一無所知
目不能辨美惡
耳不能判淸濁
鼻不能別香臭
至若味之甘苦
則不第知之
且能取之棄之
告子76)以甘食悅色爲性

殆指此類耳

76) 고자(告子) : 이름은 고불해(告不害). 전국 시대(戰國時代) 사람. 맹자(孟子)와 동시대 인물이다. 인성(人性)과 관련해 무선악(無善惡)을 주장했다.

118.

무릇 일이란 새길 필요 없으나
독서는 새기지 않으면 안 된다
범사에 탐욕이 있어선 아니 되나
도서 구입은 탐내지 않으면 안 된다
범사에 어리석어서는 아니 되나
선행을 베풂에는 어리석지 않으면 아니 된다

凡事不宜刻
若讀書則不可不刻
凡事不宜貪
若買書則不可不貪
凡事不宜痴
若行善則不可不癡

119.

술 참 좋다만
동석한 이 욕해선 안 되고
색 참 좋다만
몸 상해선 아니 되며
재물 참 좋다만
양심이 어두워져선 안 되고
기운 참 좋다만
인지상정을 넘어선 아니 된다

酒可好
不可罵座
色可好
不可傷生
財可好
不可昧心
氣可好
不可越理

120.

글재주는 과거 급제에 맞춤하고
검소한 덕은 재물 모으기에 합당하며
맑고 한적한 마음은 장수에 적당하다

文名可以當科第
儉德可以當貨財
淸閑可以當壽考

121.

시 읊조리고 글 읽는 것만이
옛사람 벗하는 방식 아니니
글씨나 그림을 보는 것도
옛사람을 벗하는 방법이다

不獨誦其詩讀其書
是尙友古人
即觀其字畵
亦是尙友古人處

122.

무익한 보시로는
스님 시주만 한 것이 없고
무익한 시문으로는
축수 시문만 한 것이 없다

無益之施舍
莫過于齋僧
無益之詩文
莫甚于祝壽

123.

첩이 아름다워도 현숙한 아내만 못하고
돈 많다 해도 순조로운 처지만 못하다

妾美不如妻賢
錢多不如境順

124.

새 암자 짓기보단 옛 사당 수리하는 것이 낫고
새 책 읽기보단 읽었던 책 다시 익히는 것이 낫다

創新庵不若修古廟
讀生書不若溫舊業

125.

글자와 그림은 하나의 근원에서 나왔다
육서가 상형자로부터 시작하는 것을 보면
충분히 알 수 있다

字與畫同出一原
觀六書77)始于象形
則可知已

77) 육서(六書) : 한자의 제자(制字) 및 사용에 관한 여섯 가지의 원리. 상형(象形), 지사(指事), 회의(會意), 형성(形聲), 전주(轉注), 가차(假借)를 말한다. 그중 상형은 한자 제자의 가장 기초적인 원리로서 해[日]나 달[月]과 같이 사물의 모양을 그린 문자다. 지사는 위[上]나 아래[下], 하나[一] 둘[二] 등과 같이 추상적인 기호로 특정한 사태를 나타내는 글자다. 회의는 사람[人], 말[言]과 같이 이미 있는 뜻을 지닌 두 글자 이상을 합쳐서 새로 만들어진 믿음[信]과 같은 문자를 말한다. 형성은 해성(諧聲)이라고도 하며, 강(江)이나 하(河)처럼 뜻을 나타내는 부분[氵]과 발음을 나타낸 부분[工, 可]를 합쳐 만들어진 글자를 말한다. 현재 한자의 대부분을 차지한다. 전주는 노(老)와 고(考)처럼 의미가 전화해 다른 문자로 주해(註解)할 수 있는 문자를 말하며, 가차는 원래는 무기를 뜻하던 아(我)를 1인칭 대명사 '나'를 나타내는 문자로 충당하는 것과 같은 것을 말한다.

126.

바쁜 이의 원림은
집과 가까이 있어야 하고
한가로운 이의 원림은
집과 멀어도 상관없다

忙人園亭
宜與住宅相連
閑人園亭
不妨與住宅相遠

127.

술은 차로도 마실 수 있지만
차는 술로 적당하지 않다
시로는 산문을 감당할 수 있지만
산문은 시를 감당할 수 없다
곡으로는 사를 대신할 수 있지만
사로는 곡을 대신할 수 없다
달로는 등불을 대신할 수 있지만
등불로는 달을 대신할 수 없다
붓은 입을 대신할 수 있지만
입은 붓을 대신하지 못하고
계집종은 사내종을 대신할 수 있지만
사내종은 계집종을 대신할 수 없다

酒可以當茶
茶不可以當酒
詩可以當文
文不可以當詩
曲可以當詞
詞不可以當曲
月可以當燈

燈不可以當月
筆可以當口
口不可以當筆
婢可以當奴
奴不可以當婢

128.

가슴속 작은 불평이야
술로 씻을 수 있다지만
이 세상 크나큰 불평은
칼 아니면 씻어 낼 수 없으리

胸中小不平
可以酒消之
世間大不平
非劍不能消也

129.

어쩔 수 없이 아첨을 해야 하거든
입으로 할지언정 붓으로는 하지 말며
참을 수 없어 욕지거리해야 하거든
입으로 할지언정 붓으로는 하지 말라

不得已而諛之者
寧以口 毋以筆
不可耐而罵之者
亦寧以口 毋以筆

130.

다정한 이 반드시 색을 좋아하지만
색 좋아한다고 다 다정한 이 아니라네
홍안은 필경 박명하다지만
박명하다고 다 홍안은 아니지
시에 능한 이 반드시 술을 좋아하지만
술 좋아한다고 모두 시 잘 짓는 건 아니라네

多情者必好色
而好色者未必盡屬多情
紅顔者必薄命
而薄命者未必盡屬紅顔
能詩者必好酒
而好酒者未必盡屬能詩

131.

매화는 사람 고상하게 만들고
난초는 그윽하게 만들며
국화는 소탈하게 만들고
연꽃은 담백하게 만든다
봄 해당화는 농염하게 만들고
모란은 호방하게 만들며
파초와 대나무는 운치 있게 만든다
가을 해당화는 사람 아리땁게 만들고
소나무는 초탈하게 만들며
오동은 맑게 만들고
버들은 감상에 젖게 만든다

梅令人高
蘭令人幽
菊令人野
蓮令人淡
春海棠令人艷
牡丹令人豪
蕉與竹令人韻
秋海棠令人媚

松令人逸
桐令人清
柳令人感

132.

사물 가운데 사람을 감동시키는 건
하늘에선 달이 으뜸이요
악기 중에는 금(琴)만 한 것이 없고
동물 중에는 두견새가 으뜸이요
식물 중에는 버들만 한 것이 없다

物之能感人者
在天莫如月
在樂莫如琴
在動物莫如鵑
在植物莫如柳

133.

처자식 때문에 고생스러우니
매화를 아내 삼고 학으로 아들 삼은 화정이 부럽고
노비들 또한 직업에 이바지할 수 있으니
장지화의 나무하던 여종 물고기 잡던 사내종 부럽다

妻子頗足累人
羨和靖梅妻鶴子
奴婢亦能供職
喜志和78)樵婢漁奴

---

78) 지화(志和) : 장지화(張志和, 732~774). 당(唐) 숙종(肅宗) 때 관리. 부인이 사망한 후 다시는 관직에 나가지 않고, 스스로 연파조도(烟波釣徒)라고 자호하며 유유자적했다. 숙종이 남녀 노비 각 한 사람씩을 내리니, 장지화는 그들을 결혼시키고 각각 어동(漁童)과 초청(樵靑)이라 불렀다.

134.

두루 섭렵하는 것 쓸데없다지만
고금에 통하지 못함보단 낫고
맑고 고결함이 좋기는 하다만
세상사를 모르는 데로 흘러서는 안 되지

涉獵雖曰無用
猶勝于不通古今
淸高固然可嘉
莫流於不識時務

135.

이른바 아름다운 사람이란
꽃 같은 얼굴
꾀꼬리 같은 목소리
달 같은 영혼
버들 같은 맵시
옥 같은 뼈
빙설 같은 피부
가을 물 같은 자태
시사와 같은 마음씨
한묵 같은 향기면
나는 더 흠잡을 곳 없겠다

所謂美人者
以花爲貌
以鳥爲聲
以月爲神
以柳爲態
以玉爲骨
以冰雪爲膚
以秋水爲姿

以詩詞爲心
以翰墨爲香
吾無間然矣

136.

파리는 얼굴에 모여들고
모기는 살갗을 깨무니
모를레라, 도대체 사람을 뭘로 여기는 걸까

蠅集人面
蚊嘬人膚
不知以人爲何物

137.

산림에 숨어 사는 즐거움 있지만
즐길 줄 모르는 이 있으니
어부와 나무꾼
밭일하는 농사꾼
스님과 도사들이다
정원 정자에서 첩을 거느리는 즐거움 있지만
즐기지도 못하고
제대로 즐길 줄도 모르는 이 있으니
부자 장사치요
큰 벼슬아치들이다

有山林隱逸之樂
而不知享者
漁樵也
農圃也
緇黃79)也
有園亭姬妾之樂

---

79) 치황(緇黃) : 스님은 치복(緇服)을 입고 도사들은 황관(黃冠)을 쓴다. 이에 치황으로 스님과 도사를 대변한다. 치(緇)는 검은색이다.

而不能享
不善享者
富商也
大僚也

138.

《여거》에 이르기를, "매화는 해당화에게 장가보내고, 등자나무는 앵두를 신하로 삼게 하고, 겨자는 죽순에게 시집보내고 싶으나 시절이 같지 않구나!"라고 했다. 나는 사물에는 각각 자기 짝이 있어 반드시 짝이 맞아야 하리니, 여기서 지금 시집 장가 보낸다는 것들은 서로 합당하지 않다고 여긴다. 예컨대 매화라는 놈은 품격이 가장 맑고 고고하다. 이에 반해 해당화는 자태가 몹시도 요염하다. 그러하니 같은 시절이라 한들 부부가 될 수는 없다. 차라리 매화를 이화에게 장가보내고, 해당화를 살구에게 시집보내며, 구연은 불수를 신하로 삼고, 여지는 앵두를 신하로 삼으며, 가을 해당화는 안래홍에 시집보낸다면 그러면 얼추 맞춤할 것이다. 만약 겨자를 죽순에게 시집보낼라치면, 죽순에게 만약 지각이라도 있다면 필경 심한 구박을 받을 것이다.

黎擧云 欲令梅聘海棠 椇子臣櫻桃 以芥嫁笋 但時不同耳 予謂物各有偶 儗必於倫 今之嫁娶 殊覺未當 如梅之爲物 品最淸高 棠之爲物 姿極妖艷 卽使同時 亦不可爲夫婦 不若梅聘梨花 海棠嫁杏 枸臣佛手 荔枝臣櫻桃 秋海棠嫁雁來紅 庶幾相稱耳 至若以芥嫁笋 笋如有知 必受河東獅子[80]之累矣

80) 하동사자(河東獅子) : 여인네의 질투가 심하고 사나움을 비유하는 성어. 송(宋)나라 진조(陳慥)의 아내 유씨(柳氏)는 성격이 사납고 질투가 매우 심했다. 이에 소식(蘇軾)은 "하동 사자의 사자후(獅子吼)를 들으면 깜짝 놀라 주장자를 떨어뜨린 채 어느새 멍해진다"며 진조가 아내의 기세에 눌려 꼼짝 못하는 모양을 놀렸다. 하동은 유씨 집안이 명망을 떨친 지방으로, 유씨를 은유한다. 또한 사자후는 불교에서 위엄을 나타낸다. 이는 진조가 불교를 좋아함을 빗대 그를 놀린 것이다.

139.

오색에는
지나친 것도 있고
모자라는 것도 있지만
오직 흑백만은
지나침이 없다

五色
有太過
有不及
惟黑與白
無太過

140.

    허신의《설문해자》는 부수를 나누어 각 글자를 그 부수에 기입했다. 그러나 특정 부수에 소속되는 글자가 없으면 그 아래에 "아무개의 소속은 모두 아무개를 따른다"라고 주석했다.

    이 구절은 불필요한 구절로 웃기기만 하다. 어찌하여 이 한 구절을 덜어 내지 않았을까?

    許氏說文81) 分部有止有其部 而無所屬之字者 下必註云 凡某之屬 皆從某 贅句殊覺可笑 何不省此一句乎

---

81) 허씨설문(許氏說文) : 동한(東漢) 때 허신(許愼)이 지은《설문해자(說文解字)》.《설문해자》는 중국 최초의 사전이다.

141.

　《수호전》을 읽다 보면 '노달이 진관서를 두드려 패고 무송이 호랑이를 때려잡다'라는 대목에 이른다. 이를 통해 생각해 보면, 인생에는 반드시 한 번쯤은 통쾌하게 저질러야 할 일이 있으리니, 그래야 비로소 인생 한바탕 헛되지 않을 수 있다. 그러한 일은 할 수 없더라도 또한 모름지기 득의한 책을 지을 수 있다면 거의 유감이 없으리라!
예컨대 이태백에게는 양귀비가 벼루를 받든 일이 있었고, 사마상여에게는 탁문군과 함께 술집을 연 일이 있다. 엄자릉에게는 황제의 배 위에 발을 얹고 자던 일이 있었고, 왕지환과 왕창령에게는 정자 벽에 시를 새기던 일이 있었으며, 왕발에게는 순풍을 타고 강을 건너다 〈등왕각서〉라는 작품을 남긴 일이 있다

　閱水滸傳 至魯達打鎭關西 武松打虎 因思 人生必有一椿極快意事 方不枉生一場 即不能有其事 亦須著得一種得意之書 庶幾無憾耳如李太白有貴妃捧硯事 司馬相如有文君當爐事 嚴子陵有足加帝腹事 王渙王昌齡有旗亭畫壁事 王子安有順風過江作滕王閣序事之類

142.

봄바람 술 같고
여름바람 차 같으며
가을바람 안개 같고
겨울바람 생강 겨자 같다

春風如酒
夏風如茗
秋風如烟
冬風如薑芥

143.

   도자기 빙렬문(氷裂紋 : 얼음 금 간 무늬) 참으로 우아하지만
   그 무늬 가느다래야 적당하지
   굵어서는 안 된다
   만약 이런 빙렬문 자기로 창문 난간 만든다면
   두고 보지 못하리
   빙렬문은 모름지기 대소를 분별해야 한다. 먼저 큰 무늬를 만들고, 이어서 다시 각 덩어리마다 작은 빙렬문을 새겨야 비로소 아름답다

   氷裂紋極雅
   然宜細
   不宜肥
   若以之作窓欄
   殊不耐觀也
   冰裂紋須分大小 先作大冰裂 再於每大塊之中 作小冰裂 方佳

144.

새소리 중 가장 아름다운 것은
화미조가 제일이요
꾀꼬리 때까치는 그다음이다.
하나 꾀꼬리 때까치는
여지껏 새장에 넣어 기르는 이 없다
어쩌면 고결한 선비의 짝이라
들을 수만 있을 뿐 굴복시킬 수 없기 때문인가

鳥聲之最佳者
畫眉第一
黃鸝百舌次之
然黃鸝百舌
世未有籠而畜之者
其殆高士之儔
可聞而不可屈者耶

145.

생산에 힘쓰지 않으면
나중에 남에게 폐를 끼치게 되고
교유에만 힘쓰다 보면
나중에 그 피해 자신에게 이른다

不治生産
其後必致累人
專務交遊
其後必致累己

146.

옛사람 말하기를
여인네가 글자를 알면
대체로 음란하도록 가르치는 데 이른다더군
나는 말한다
이는 글자를 아는 데서 오는 과오가 아니며
글자를 안다고 해서 귀로 듣는 것이 없는 것 아니다
음란함이란
사람이 쉬이 얻어 알 수 있기 때문이다

昔人云
婦人識字
多致誨淫
予謂
此非識字之過也
蓋識字則非無聞之人
其淫也
人易得而知耳

147.

글 잘 읽는 사람에겐
글 아닌 것 없으니
산수도 글이요
바둑과 술도 글이요
꽃도 달도 글이다
산수를 잘 노니는 이에겐
산수 아닌 것 없으니
책도 산수요
시도 술도 산수요
꽃도 달도 산수다

善讀書者
無之而非書
山水亦書也
棋酒亦書也
花月亦書也
善遊山水者
無之而非山水
書史亦山水也
詩酒亦山水也
花月亦山水也

148.

정원의 절묘함은
구릉과 골짜기의 배치에 있지
자질구레 조각하고 그리는 데 있지 않다
가끔 다른 이의 정원을 보노라면
용마루나 담 모서리에
조각 벽돌이나 아로새긴 기와 얹어
지극히 멋들어지지 않은 것이 없더라만
하나 그것들 머지않아 무너지고
무너지면 다시 고치기 어려우니
이 어찌 소박함을 아름다움으로 삼음만 같겠는가

園亭之妙
在邱壑布置
不在雕繪瑣屑
往往見人家園子
屋脊牆頭
雕甎鏤瓦
非不窮極工巧
然未久即壞
壞後極難修葺

是何如樸素之爲佳乎

149.

맑은 밤에 홀로 앉아
달 맞아 근심 토로하고
좋은 밤에 홀로 누워
귀뚜라미 불러 회한 토로한다

淸宵獨坐
邀月言愁
良夜孤眠
呼蛩語恨

150.

관가에서는 평판을 여론에서 채집하지만
세도가나 비천한 이들의 입에서는
진실을 듣기 어렵다
치정 사건은 편견에 따라 결정되기 쉬워서
예쁘다는 평이나
못생겼다는 평들이 많은데
대개는 사실과 다르다

官聲採於輿論
豪右之口與寒乞之口
俱不得其眞
花案定于成心
艶媚之評
與寢陋之評
槪恐失其實

151.

언덕과 골짜기에 마음을 감춰 두면
도시나 저잣거리도 산속 숲이나 다름없고
안개 노을에 흥취 깃들면
인간 세상도 신선 세상과 진배없다

胸藏邱壑
城市不異山林
興寄烟霞
閻浮[82] 有如蓬島[83]

82) 염부(閻浮) : 염부제(閻浮提). 원래는 나무 이름의 일종이나, 연용해서 우리가 살고 있는 인간 세상을 가리키는 불교 용어다.

83) 봉도(蓬島) : 봉래산(蓬萊山). 신선들이 사는 곳이라고 전해 온다.

152.

 오동나무는 식물 가운데 청결한 품격이지만 유독 풍수가들만은 꺼린다. 심지어는 "오동나무가 한 말 크기가 되면 집주인은 밖으로 떠돌게 된다"고 하기도 한다. 해서 마침내는 상서롭지 못한 것으로 여기게 되었다. 그러나 대저 오동나무 가지를 잘라 동생을 봉했을 때, 그것이 궁중의 오동나무였으리란 것을 알 수 있다. 게다가 점을 쳐서 나라를 전해 준 것이 가장 오래 지속되기가 주나라를 넘어서는 왕조가 없다. 세속의 말에 전거가 부족함은 이와 같다.

梧桐爲植物中淸品 而形家[84]獨忌之 甚且謂 梧桐大如斗 主人往外走 若竟視爲不祥之物也者 夫翦桐封弟[85] 其爲宮中之桐可知 而卜世[86]最久者 莫過於周 俗言之不足據 類如此夫

---

84) 형가(形家) : 음양 풍수(陰陽風水)를 보는 사람을 가리킨다.
85) 전동봉제(翦桐封弟) : 오동나무 가지를 잘라 동생을 제후로 봉했다는 말. 주(周)나라 성왕(成王)이 동생 숙우(叔虞)와 놀면서 오동나무 가지를 잘라 이를 주면서 제후로 봉한다고 말했다. 그러나 천자의 말은 허언일 수 없기에 뒷날 숙우를 당(唐) 지방에 제후로 봉했다고 한다.
86) 복세(卜世) : 점을 쳐서 나라가 얼마나 이어질지 세대 수를 예측하는 것.

153.

다정한 이
생사로 마음을 바꾸지 않고
술 좋아하는 이
춥고 더워도 주량 바꾸지 않으며
독서 좋아하는 이
바쁘든 한가롭든 그치지 않는다

多情者
不以生死易心
好飮者
不以寒暑改量
喜讀書者
不以忙閑作輟

154.

거미는 나비의 천적이요
나귀는 말의 곁다리다

蛛爲蝶之敵國
驢爲馬之附庸

155.

품격을 세우려면
반드시 송인들의 도학을 본받아야 하고
세상을 살아가자면
진대의 풍류를 참고해야 마땅하리

立品
須法乎宋人之道學
涉世
宜參以晉代之風流

156.

옛말에 이르기를
금수도 인륜을 안다는군
나는 말하지
금수만 그런 것이 아니라고
초목 또한 인륜이 있으니
모란은 왕이요
작약은 재상이니
군신 관계라
남산의 교목
북산의 가래나무
부자 관계요
박태기나무는 분가한다는 소릴 듣자 말랐고
분가하지 않는다는 소리 듣고는 살아났으니
형제 관계라
연꽃은 꼭지와 함께하니
부부 관계요
난초는 꽃과 향기가 한마음이니
붕우 관계라

古謂

禽獸亦知人倫

予謂

匪獨禽獸也

卽草木亦復有之

牡丹爲王

芍藥爲相

其君臣也

南山之喬

北山之梓

其父子也

荊之聞分而枯

聞不分而活[87]

其兄弟也

蓮之竝蒂

其夫婦也

蘭之同心

其朋友也

[87) 형지문분이고(荊之聞分而枯) 문불분이활(聞不分而活) : 위진 남북조(魏晉南北朝) 시대 양(梁)나라 오균(吳均)의 저서 《속제해기(續齊諧記)》에 나오는 이야기로, 가족의 단합과 화목의 중요성을 환기하는 내용이다. 그에 따르면, 한(漢)나라 때 전진(田眞)이라는 사람의 3형제가 서로 분가하기로 하고 집 앞 박태기나무도 나누어 갖기로 논의하자 박태기나무가 말라 죽어 버렸다. 그러다가 다시 마음을 합쳐 종내 다시는 분가하지 않기로 결심하자 죽었던 박태기나무가 다시 살아났다고 한다.

157.

호걸 되기 성현보다 쉽고
문인들은 재자보다 많다

豪杰易于聖賢
文人多於才子

158.

소와 말
하나는 벼슬아치 하나는 은자
사슴과 돼지
하나는 신선 하나는 범부

牛與馬
一仕而一隱也
鹿與豕
一仙而一凡也

159.

예나 지금이나 지극한 글은
모두 피눈물로 이루어진 것이다

古今至文
皆血淚所成

160.

정이라는 한 글자에
세상이 유지되고
재능이란 한 글자에
온 세상이 꾸며진다

情之一字
所以維持世界
才之一字
所以粉飾乾坤

161.

공자는 동쪽 노나라에서 태어났다
동쪽은 생성의 방위다
그런 까닭에 예악과 문장 등
그 도가 모두 무로부터 유로 귀결되었다
석가는 서방에서 태어났다
서쪽은 죽음의 땅이다
그러므로 수·상·행·식 등
그 가르침이 모두 유로부터 무로 귀결되었다

孔子生於東魯
東者生方
故禮樂文章
其道皆自無而有
釋迦生於西方
西者死地
故受想行識[88]

---

[88] 수상행식(受想行識) : 불교에서 인간을 구성하는 다섯 가지 요소 중 물질적 요소인 색(色)을 제외한 나머지 네 가지 정신 요소를 가리키는 말. 수(受)는 여섯 감각 기관이 인식 대상과 접촉한 뒤 일어나는 수동적 반응 곧 경험이라고 할 수 있다. 구체적으로는 좋아하는 대상, 싫

其教皆自有而無

어하는 대상, 좋지도 싫지도 않은 대상에 각각 대응하는 즐거운 느낌[樂], 고통스러운 느낌[苦], 고통도 즐거움도 아닌 느낌[不苦不樂] 등 세 종류의 정서적 반응이다. 상(想)은 다양한 구별을 통해 대상의 특징[相]을 파악하는 작용을 의미한다. 더불어 감각 지각을 통해 받아들인 외부의 감각 자료를 통합하고 그것을 언어 및 개념과 연결하는 작용을 수행하는 정신 현상이다. 행(行)은 마음이 어떤 행위를 하도록 만드는 의도를 대표로 하는 모든 정신 현상을 포괄하는 개념이다. 또한 정신도 아니고 물질도 아닌 현상도 포함한다. 식(識)은 대상을 알게 하는 작용으로서 지각에 해당하는 개념이다.

162.

청산이 있어야 녹수가 있으리니
물은 오직 산에서 색을 빌리기 때문이라
맛난 술 있어야 아름다운 시 있으리니
시 또한 술에서 신령함 얻기 때문이라

有靑山方有綠水
水惟借色于山
有美酒便有佳詩
詩亦乞靈于酒

163.

엄군평은 점으로 강학한 이고
손사막은 의술로 강학한 이며
제갈량은 군대로 강학한 이다

嚴君平89)以卜講學者也
孫思邈90)以醫講學者也
諸葛武侯91)以出師講學者也

---

89) 엄군평(嚴君平) : 한(漢)나라 때 사람. 점을 쳐서 생계를 유지했다.

90) 손사막(孫思邈) : 당(唐)나라 때 사람. 평생 의약(醫藥) 연구에 매진해 일가를 이루었다.

91) 제갈무후(諸葛武侯) : 제갈량(諸葛亮)을 말한다. 제갈공명(諸葛孔明)이라고도 한다.

164.

사람은 남자보다 여자가 아름답고
날짐승은 암컷보다 수컷이 화려하며
길짐승은 암수가 구분되지 않는다

人謂女美於男
禽則雄華於雌
獸則牝牡無分者也

165.

운수 나쁜 거울은 모모를 만나고
운수 나쁜 벼루는 속인을 만나며
운수 나쁜 검은 멍청한 장수를 만나니
이 모두는 어찌할 수 없는 일이다

鏡不幸而遇嫫母[92]
硯不幸而遇俗子
劍不幸而遇庸將
皆無可奈何之事

---

92) 모모(嫫母) : 전설 속 추녀. 전하기로는 황제(黃帝)의 비(妃)라고 한다.

166.

세상에
책이 없다면 그만이되
있다면 반드시 읽어야 할 터
술이 없다면 그만이되
있다면 반드시 마셔야 할 터
이름난 산 없다면 그만이되
있다면 반드시 노닐어야 할 터
꽃과 달 없다면 그만이되
있다면 반드시 즐겨야 할 터
재자가인 없다면 그만이되
있다면 반드시 사랑하고 아껴야 하리

天下
無書則已
有則必當讀
無酒則已
有則必當飲
無名山則已
有則必當游
無花月則已

有則必當賞玩
無才子佳人則已
有則必當愛慕憐惜

167.

가을벌레 봄새도
소리 고르고 혀 놀릴 줄 알아
때 되면 좋은 소리 토해 내건만
우리네 인간은 붓 대롱 잡고 붓 끝 놀려
어찌 갈까마귀 우는 소리 소 헐떡이는 소리나 지을 수 있으랴

秋蟲春鳥
尙能調聲弄舌
時吐好音
我輩搦管拈毫
豈可甘作鴉鳴牛喘

168.

못생긴 얼굴 비루한 몸매라도
거울과 원수 되지 않는 것은
거울은 앎이 없는 죽은 물건이기 때문이라
만약 거울에도 앎이 있다면
분명 박살 났으리라

嫫顔陋質
不與鏡爲仇者
亦以鏡爲無知之死物耳
使鏡而有知
必遭撲破矣

169.

우리 집안 장공예라는 분은
백 번 참아 아홉 세대가 동거했기에
천고에 아름다운 이야기로 전해 온다
참으로 모르겠다
참는 것이 백 번에 이르자면
그 집안 불화와 모순은
일일이 헤아리기 어려우리라

吾家公藝
恃百忍以同居
千古傳爲美談
殊不知
忍而至於百
則其家庭乖戾暌隔之處
正未易更僕數也

170.

아홉 세대가 함께 산다는 것은
참으로 대단한 일
하나 이는
허벅지를 베어 봉양하거나 여막을 지어 시묘한 일과 같이
하나의 사례로 보아야 마땅하다
그렇게 하기도 힘들고
법도가 될 수도 없으니
중용의 도가 아니기 때문이다

九世同居
誠爲盛事
然止當與
割股廬墓者
作一例看
可以爲難矣
不可以爲法也
以其非中庸之道也

171.

글 짓는 방법이라
곡절 많은 내용은
분명하고 쉬운 말로 써내야 하고
분명하고 쉬운 이치는
곡절 많은 표현을 써야 한다.
표제가 진부하면
새롭고 기이한 생각을 덧붙여야 하고
표제가 평범하면
관계된 논리를 깊이 있게 해야 한다
군색한 것은
펼쳐서 확장해야 하고
번잡한 것은
깎아서 간략하게 해야 한다
속된 것은
꾸며서 우아하게 해야 하고
시끄러운 것은
수렴해 고요하게 해야 한다
이런 것을 일러 재단한다고 한다

作文之法

意之曲折者

宜寫之以顯淺之詞

理之顯淺者

宜運之以曲折之筆

題之熟者

參之以新奇之想

題之庸者

深之以關繫之論

至于窘者

舒之使長

縟者

刪之使簡

俚者

文之使雅

鬧者

攝之使靜

皆所謂裁制也

172.

죽순은 채소 가운데 으뜸이요
여지는 과일 가운데 으뜸이라
게는 수중 생물 중 으뜸이요
술은 음식 가운데 으뜸이라
달은 천문 가운데 으뜸이요
서호는 산수 중에 으뜸이며
사곡은 문자 중에 으뜸이라

笋爲蔬中尤物
荔枝爲果中尤物
蟹爲水族中尤物
酒爲飮食中尤物
月爲天文中尤物
西湖爲山水中尤物
詞曲爲文字中尤物

173.

좋은 꽃 한 송이를 사더라도
사랑하고 아낄 것인데
하물며 해어화는 일러 무엇 하랴

買得一本好花
猶且愛憐而護惜之
矧其爲解語花93)乎

---

93) 해어화(解語花) : 말을 알아듣는 꽃. 미인을 가리키는 말이다. 당(唐) 현종(玄宗)이 신하들과 백련(白蓮)을 감상하던 중, 신하들이 연꽃의 아름다움을 찬탄하자 현종이 양귀비(楊貴妃)를 가리키며 '어찌 나의 해어화에 비길 수 있겠는가?'라고 한 데서 유래한다.

174.

손에 든 부채만 보고도
충분히 그 사람의 아속과
그 사람의 교유를 알 수 있다

觀手中便面94)
足以知其人之雅俗
足以識其人之交游

---

94) 편면(便面) : 얼굴을 가리는 용도의 부채 따위. 둥근 부채나 쥘부채 등을 말한다.

175.

물은 더러운 것들이 모여드는 것이요
불은 더러운 것이 이르지 못하는 곳이라
불결한 것 깨끗하게 만들기는
물과 불 모두 그러하네

水爲至汚之所會歸
火爲至汚之所不到
若變不潔而爲至潔
則水火皆然

176.

얼굴이 추해도 볼만한 이 있고
추하지 않아도 보기에 부족한 이 있다
글에는 통하지 않아도 사랑스러운 것이 있고
통해도 싫은 것 있으니
이는 천박한 이들과는 말하기 쉽지 않은 것

貌有丑而可觀者
有雖不丑而不足觀者
文有不通而可愛者
有雖通而極可厭者
此未易與淺人道也

177.

산수 유람도
인연이 있어야 하리니
기연이 이르지 않으면
수십 리 가까운 곳에 있어도
거기 갈 겨를이 없다

游玩山水
亦復有緣
苟機緣未至
則雖近在數十里之內
亦無暇到也

178.

가난하되 아첨하지 않고
부유하되 교만하지 않음을
옛사람들은 어질다 여겼는데
가난하되 교만하지 않고
부유하되 아첨하지 않음을
오늘날 사람들은 사소하게 여기니
세상 풍속이 타락했음을 족히 알겠다

貧而無諂
富而無驕
古人之所賢也
貧而無驕
富而無諂
今人之所少也
足以知世風之降矣

179.

옛사람은
10년은 글을 읽고
10년은 산수를 유람하며
10년은 갈무리하고자 했다
그러나 나는 말한다
갈무리하는 데는 10년이 필요하지 않고
다만 2, 3년이면 충분하다고
그러나 글 읽고 산수 유람하기는
몇 갑절 더 들어도
바라는 대로 하기에는 부족하리니
필경
선배 황구연의 말처럼
인생이 300년이어야 가능하리라

昔人欲以
十年讀書
十年游山
十年檢藏
予謂
檢藏盡可不必十年

只二三載足矣
若讀書與游山
雖或相倍蓰
恐亦不足以償所願也
必也
如黃九烟前輩之所云
人生必三百歲而後可乎

180.

차라리 소인배에게 욕먹을지언정
군자가 비루하다 여기는 이 되지 말 것이며
눈먼 시험관에게 쫓겨날지언정
뭇 명사들이 모르는 사람 되지 말라

寧爲小人之所罵
毋爲君子之所鄙
寧爲盲主司之所擯棄
毋爲諸名宿之所不知

181.

오만한 골기 없어선 아니 되고
오만한 마음 있어선 아니 된다
오만한 골기 없으면
비루한 사람 되기 쉽고
오만한 마음 가지면
군자 되기 어렵다

傲骨不可無
傲心不可有
無傲骨則
近于鄙夫
有傲心
不得爲君子

182.

매미는
곤충 가운데 백이와 숙제요
벌은
곤충 가운데 관중과 안영이라

蟬
爲蟲中之夷齊95)
蜂
爲蟲中之管晏96)

---

95) 이제(夷齊) : 백이(伯夷)와 숙제(叔齊)를 말한다. 이들은 고죽국(孤竹國)의 왕자들이었으나 서로 왕위를 양보하다 둘 모두 나라를 떠나 은거했다. 훗날 주(周)나라 무왕(武王)이 상(商)나라를 정벌하려 하자 이를 말렸으나 무왕이 듣지 않자 수양산(首陽山)에 들어가 주나라 음식은 먹지 않겠다며 굶어 죽었다. 인자(仁者)를 대표한다.

96) 관안(管晏) : 관중(管仲)과 안영(晏嬰)을 말한다. 둘 모두 나라를 탁월하게 경영한 재상들이다. 관중은 제(齊) 환공(桓公)을 도와 부국강병을 이루어 제 환공이 춘추 오패(春秋五覇) 중 첫 패주(覇主)가 되는 데 혁혁한 공을 세웠다. 안영은 춘추 시대 제나라의 대부(大夫)로서 영공(靈公)·장공(莊公)·경공(景公) 등 3대에 걸쳐 재상을 지냈다.

183.

어리석고 우직하며 졸렬하고 미쳤다는 말은
글자 그대로는 좋은 것이 아닌데도
사람들은 매양 거기 머물기 좋아한다
간사하고 약삭빠르며 억지 부리고 아첨한다는 말은
그 반대인데도
사람들은 늘 거기 머물기 좋아하지 않는다
왜인가

曰癡 曰愚 曰拙 曰狂
皆非好字面
而人每樂居之
曰奸 曰黠 曰强 曰佞
反是
而人每不樂居之
何也

184.

　　요순시대 음악은
　　새와 짐승도 감응했다고 한다
　　이는 아마 요순시대의 새와 짐승이었기에
　　감응할 수 있었을 것이다
　　만약 후대의 새와 짐승이라면
　　아마도 꼭 그렇지는 않을 것이다

　　唐虞97)之際音樂
　　可感鳥獸
　　此蓋唐虞之鳥獸
　　故可感耳
　　若後世之鳥獸
　　恐未必然

---

97) 당우(唐虞) : 당요(唐堯)와 우순(虞舜). 고대에 태평성대를 이룬 요임금과 순임금을 말한다.

185.

아픔은 참을 수 있지만
가려움은 참지 못하겠고
쓴맛은 견딜 수 있지만
신맛은 견디지 못하겠다

痛可忍
而癢不可忍
苦可耐
而酸不可耐

186.

거울 속 그림자는
채색한 인물이요
달 아래 그림자는
사의(寫意)한 인물이다
거울 속 그림자는
구변화요
달 아래 그림자는
몰골화다
달 속 산하 그림자는
천문 속 지리요
물속 별과 달의 모습은
지리 속 천문이다

鏡中之影
著色人物也
月下之影
寫意98)人物也

---

98) 사의(寫意) : 중국화 기법 중 하나. 세밀한 필획으로 형태의 유사함

鏡中之影

鉤邊畵99)也

月下之影

沒骨畵100)也

月中山河之影

天文中地理也

水中星月之象

地理中天文也

보다는 사물의 정신적 풍모를 그려 내는 데 중점을 둔다.

99) 구변화(鉤邊畵) : 중국화 기법 중 하나. 선을 통해 사물의 윤곽을 그려 내는 기법이다.

100) 몰골화(沒骨畵) : 중국화 기법 중 하나. 특히 화조화(花鳥畵)의 기법이다. 선을 통해 사물의 윤곽을 그려 내는 구변화와 달리 바로 먹이나 채색만으로 그림을 그리는 방법이다.

187.

글자 없는 책을 읽을 수 있어야
놀랄 만한 묘구를 얻을 수 있고
통하기 어려운 것을 이해할 수 있어야
최상의 선기에 참예할 수 있으리라

能讀無字之書
方可得驚人妙句
能會難通之解
方可參最上禪機

188.

시와 술이 없다면
산과 물은 한갓 무늬일 뿐
아름다운 이 없다면
꽃과 달은 공허한 것일 뿐

若無詩酒
則山水爲具文
若無佳麗
則花月皆虛設

189.

재자이면서 용모가 아름답고
가인이면서 작품이 뛰어나면
결코 오래 살지 못하니
이는 유독 조물주가 시기해서만은 아니라네
이들은 대개
한 시대의 보물일 뿐만 아니라
고금 만대의 보물이기에
인간 세상에 오래 머물러 오욕을 취하려 하지 않기 때문이라

才子而美姿容
佳人而工著作
斷不能永年者
匪獨爲造物之所忌
盖此種
原不獨爲一時之寶
乃古今萬世之寶
故不欲久留人世取褻耳

190.

  진평은 곡역후(曲逆侯)에 봉해졌는데, 《사기》와 《한서》에는 모두 '거우(去遇)'라 발음한다고 주석을 달았다. 나는 이것은 북방 사람들의 사투리일 따름이라 여긴다. 만약 남방 사람들처럼 사성이 모두 갖추어져 있었다면 응당 본래의 음대로 쓸 수 있었을 것이다. 북방 사람들은 노래 부른다고 할 때의 '곡'도 '거' 자로 읽는다

  陳平101)封曲逆侯 史漢注皆云音去遇102) 予謂此是北人土音耳 若南人四音俱全 似仍當讀作本音爲是北人於唱曲之曲 亦讀如去字

---

101) 진평(陳平) : 한(漢)나라 혜제(惠帝)·여후(呂后)·문제(文帝) 때 3대에 걸쳐 재상을 지낸 인물. 유방(劉邦)을 도와 한나라를 건국한 후 곡역후(曲逆侯)에 봉해졌다.

102) 사한주개운음거우(史漢注皆云音去遇) : 이와 관련해서는 중국어 음운(音韻)을 알아야 이해할 수 있다. 앞서 곡역후(曲逆侯)의 '곡역'은 중국어 발음으로 'qǔ nì'이고, '거우(去遇)'의 중국어 발음은 'qù yù'다. '곡(曲)'과 '거(去)'는 모두 '취'라는 음으로 같은 발음 계열이고 '역(逆)'과 '우(遇)'는 각각 '니' '위'라는 음으로 음운 운(韻)이 같다. 우리의 한자음으로는 서로 동떨어져 보여도, 원래 중국어 음운으로는 서로 통용되는 범위에 있는 글자들이라 사기와 한서처럼 이렇게 발음한다고 주석을 단 것이다.

191.

  옛사람들에게는 사성이 모두 갖추어져 있었다. 예컨대 육(六)·국(國)이란 두 글자는 모두 입성이다. 요즘 이원(梨園)에서 소진(蘇秦) 관련 연극을 공연하는데, 육을 유(溜)로 읽고 '국'을 귀(鬼)로 읽는데, 이는 입성으로 읽을 길이 없기 때문이다. 그러나 《시경》을 살펴보면, '양마육지(良馬六之)' '무의육혜(無衣六兮)'와 같은 경우 '육'은 모두 거성에 맞지 않고 오히려 축(祝)·곡(告)·욱(燠)과 운이 맞는다. '국' 자 또한 상성에 맞지 않고 입(入)·맥(陌)·질(質) 등과 운이 맞는다. 그러한즉 옛사람들에게는 입성이 있었으니, '육'을 '유'로 '국'을 '귀'로 읽지는 않았으리라.

  古人四聲俱備 如六國二字 皆入聲也 今梨園演蘇秦劇 必讀六爲溜 讀國爲鬼 從無讀入聲者 然考之詩經 如良馬六之 無衣六兮之類 皆不與去聲叶 而叶祝告燠 國字皆不與上聲叶 而叶入陌質韻 則是古人似亦有入聲 未必盡讀六爲溜 讀國爲鬼也

192.

한가로운 이의 벼루는
당연히 품질이 좋아야 하지만
바쁜 사람의 벼루는
더욱이나 품질이 뛰어나지 않으면 안 된다
기뻐 즐기는 첩은
당연히 아름다워야 하지만
대 이을 첩 또한
아름답지 않으면 안 된다

閒人之硯
固欲其佳
而忙人之硯
尤不可不佳
娛情之妾
固欲其美
而廣嗣之妾
亦不可不美

193.

혼자 즐기는 것은 무엇인가?

금(琴) 타기

둘이서 즐기는 것은 무엇인가?

바둑

여럿이서 즐기는 것은 무엇인가?

마작

如何是獨樂樂

曰鼓琴

如何是與人樂樂

曰奕棋

如何是與衆樂樂

曰馬弔

194.

　가르침을 받지 않고도 선을 행하거나 악을 행하는 이는 태생이다. 교육을 받고서 선을 행하거나 악을 행하는 이는 난생이다. 우연히 어떤 일에 느낌을 받아 돌연 선을 행하거나 악을 행하는 이는 습생이다. 주처와 대연이 개과천선한 것이나 이회광이 반란을 일으킨 경우다 전후가 판연히 둘로 나뉘는 경우는 궁구해 보면 하루 이틀에 이루어진 것이 아닌 까닭이니 화생이다. 당 현종이나 위 무공의 경우다

　不待敎而爲善爲惡者 胎生也 必待敎而後爲善爲惡者 卵生也　偶因一事之感觸而突然爲善爲惡者　濕生也 如周處[103]戴淵[104]之改過 李懷光[105]反叛之類 前後判若兩截 究非一日之故

103) 주처(周處) : 진(晉)나라 사람. 어려서 고아가 되었고, 젊었을 때 성질이 제멋대로라 남산(南山)의 백액호(白額虎) · 장교(長橋) 아래의 교룡과 함께 세 가지 해악으로 불렸다. 주처는 이를 듣고 개과천선해 호랑이와 교룡을 죽였다. 나중에 어사중승(御史中丞)을 지냈다.

104) 대연(戴淵) : 동진(東晉) 때 인물. 젊어서부터 자잘한 예에 얽매이지 않고 협의(俠義)를 행했다. 일찍이 육기(陸機)가 타고 있던 배를 약탈하려다 도리어 육기에게 감화를 받아 마침내 크게 깨달은 뒤 육기와 벗이 되었다.

105) 이회광(李懷光) : 당(唐)나라 덕종(德宗) 때 사람. 젊어서 종군해

也 化生也如唐玄宗衛武公之類

안녹산(安祿山)의 난에 공을 세워 삭방절도사(朔方節度使)가 되었다. 주차(朱泚)의 반란 때 황제를 호위하는 등 공을 세웠으나 당시 권력을 잡고 있던 간신 노기(盧杞) 등의 견제로 황제를 알현하지 못하게 되자 이에 불만을 품고 마침내 반란을 일으켰다가 부하에게 살해되었다.

195.

대개 사물은 모두 모양에 따라 쓰이는데
정신에 따라 쓰이는 것은
거울이요
도장이요
해시계요
나침반이다

凡物皆以形用
其以神用者
則鏡也
符印也
日晷也
指南針也

196.

재자가 재자를 만나면
매번 그 재주를 아끼는 마음을 갖지만
미인이 미인을 만나면
결코 아름다움을 아끼는 마음이 없다
원컨대 나 다음 생에는
절대가인으로 태어나서
이런 판국 뒤집어엎으면 참으로 통쾌하겠다

才子遇才子
每有憐才之心
美人遇美人
必無惜美之意
我願來世
托生爲絶代佳人
一反其局而後快

197.

내 일찍이 무차 대회를 열어
한 번은 역대 재자들을 제사 지내고
또 한 번은 역대 가인들을 제사 지내고 싶었네
진정한 고승을 만난다면 바로
꼭 그렇게 하리라

予嘗欲建一無遮大會106)
一祭歷代才子
一祭歷代佳人
俟遇有眞正高僧
卽當爲之

106) 무차 대회(無遮大會) : 불교에서 상하귀천이나 성범(聖凡)·도속(道俗)을 가리지 않고 일체 평등으로 재시(財施)와 법시(法施)를 행하는 대법회(大法會).

198.

성현은
천지의 대리인이다

聖賢者
天地之替身

199.

하늘이 지극해지기는 어렵지 않으니
어질고 재덕을 갖춘 군자
20~30명만 낳으면 충분하리라
이들 중 하나는 임금
또 하나는 재상
또 하나는 총재를 맡고
그 나머지는 각각 총독과 순무 삼으니
이들이 그들이라

天極不難做
只須生仁人君子有才德者
二三十人足矣
君一
相一
冢宰一
及諸路總制撫軍
是也

200.

승관도 놀이에
중히 여기는 것은 덕이요
꺼리는 것은 뇌물인데
어찌하여 벼슬길에 오르기만 하면
이와 정반대인가?

擲陞官圖107)
所重在德
所忌在贓
何一登仕版108)
輒與之相反耶

---

107) 승관도(陞官圖) : 놀이의 일종. 종이 위에 각종 관직을 그려 두고 주사위를 던져 점수에 따라 관직의 높낮이를 결정한다. 관직이 높은 이가 이긴다.

108) 사판(仕版) : 옛날 관리들의 명부.

201.

　동물에게도 3교가 있다. 교룡이나 기린이나 봉황 등은 유자에 가깝다. 원숭이·여우·학·사슴 등은 신선에 가깝다. 사자나 황소 등은 스님에 가깝다. 식물 중에도 3교가 있다. 대나무·오동·난초·혜초 등은 유자에 가깝고, 복숭아나 계수나무는 신선에 가까우며, 연꽃이나 포도 등은 스님에 가깝다.

　動物中有三教焉 蛟龍麟鳳之屬 近於儒者也 猿狐鶴鹿之屬 近於仙者也 獅子牡牛之屬 近於釋者也 植物中有三教焉 竹梧蘭蕙之屬 近於儒者也 蟠桃老桂之屬 近於仙者也 蓮花葡萄之屬 近於釋者也

202.

　불교에서는 해와 달이 수미산 허리에 있다고 한다. 과연 그렇다면 해와 달은 반드시 산을 둘러싸고 가로로 움직여야 한다. 만약 오르락내리락하자면 필경 산꼭대기가 장애가 되리라. 불교에서는 또 '땅 위에는 아누달지가 있어 그 물이 흘러나와 인도로 흘러든다'고 했고, 또 '지륜 아래에 수륜이 있고, 수륜 아래에 풍륜이 있으며, 풍륜 아래에 공륜이 있다'고 했다. 나는 이것이 모두 사람의 몸을 비유한 것이라 생각한다. 수미산은 사람의 머리요, 해와 달은 두 눈, 연못에서 사방으로 물이 흘러나오는 것은 혈맥이 흐르는 것을, 지륜은 몸, 수륜은 변, 풍륜은 방귀가 새는 것을 비유한 것이다. 그 아래로는 사물이 없다.

　佛氏云 日月在須彌山[109]腰 果爾則日月必是繞山橫行而後可 苟有升有降 必爲山巓所碍矣 又云 地上有阿耨達池[110] 其

---

[109] 수미산(須彌山) : 불교에서 세상의 중심에 있다고 하는 산. 수미산을 중심으로 주위에는 승신주(勝身洲)·섬부주(贍部洲)·우화주(牛貨洲)·구로주(俱盧洲)의 4대 주가 동남서북에 있고, 그것을 둘러싼 9산(九山)과 8해(八海)가 있다. 이 수미산의 하계(下界)에는 지옥이 있고, 수미산의 가장 낮은 곳에 인간계가 있다

水四出 流入諸印度 又云 地輪之下爲水輪 水輪之下爲風輪 風輪之下爲空輪 余謂此皆喩言人身也 須彌山喩人首 日月喩兩目 池水四出喩血脈流通 地輪喩此身 水爲便溺 風爲泄氣 此下則無物矣

110) 아누달지(阿耨達池) : 불교에서 염부제(閻浮提) 중심에 있다고 하는 연못 이름. 인도 신화에 따르면 여기서 흘러나온 물이 갠지스강과 인더스강으로 흐른다고 한다.

203.

소동파는 도연명에 화답하는 시를
수십 수 남겼다.
나는 일찍이 소동파의 시구를 모아 보충하고자 했으나
운이 갖추어지지 않아 그만두고 말았다
예컨대 '아들을 책망하며'라는 시에서
육과 칠은 모르면서
배와 밤만 찾는다는 시구에서
'칠'과 '율'의 경우
이에 맞는 운이 없다.

蘇東坡和陶詩
尙遺數十首
予嘗欲集坡句以補之
苦於韻之弗備而止
如責子詩111)中

---

111) 책자시(責子詩) : 도연명의 〈아들을 책망하며(責子)〉 시의 전문은 아래와 같다.
백발은 두 귀밑머리 덮었고 살갗도 더는 탱탱하지 않구나
비록 아들놈 다섯 있다 하나 죄다 종이와 붓은 좋아하지 않네

不識六與七
但覓梨與栗
七字栗字
皆無其韻也

서(舒)란 녀석은 벌써 열여섯인데도 참말이지 게으르기 짝이 없고
선(宣)이는 열다섯이 되어 가는데 글공부 좋아하지 않으며
옹(雍)과 단(端)은 모두 열셋인데 여섯과 일곱도 분간 못하고
통(通)이란 놈은 아홉 살이 다 되었는데도 배와 밤만 찾는구나
천운이 정녕 이와 같으니 술잔이나 기울일 수밖에
白髮被兩鬢　肌膚不復實
雖有五男兒　總不好紙筆
阿舒已二八　懶惰故無匹
阿宣行志學　而不愛文術
雍端年十三　不識六與七
通子垂九齡　但覓梨與栗
天運苟如此　且進盃中物

204.

내 일찍이 우연히 시구를 얻어
더없이 기뻤으나
어울리는 아름다운 구절이 없어
시를 완성하지 못했네
그중 하나는
'마른 잎 벌레 달고 휘날린다'이고
또 다른 하나는
'시골 달은 성곽보다 크다'였는데
잠시 놔두고 다른 날을 기다린다

予嘗偶得句
亦殊可喜
惜無佳對
遂未成詩
其一爲
枯葉帶蟲飛
其一爲
鄕月大于城
姑存之以俟異日

205.

'텅 빈 산 사람 자취 없는데
물이 흐르고 꽃은 피는구나'
이 두 구절은
금(琴) 뜯는 마음의 오묘한 정경이요
'이기면야 당연히 기분 좋고
진다 해도 그 또한 즐겁다'
이 두 구절은
바둑 두는 수담의 오묘한 경계이며
'상강에 배를 띄워 굽이굽이 돌아들 제
형산 아홉 봉우리 그 얼굴 다 뵈누나'
이 두 구절은
넘실넘실 배를 띄운 오묘한 경계요
'어쩌면 그리도 하늘 같으시고
어쩌면 그리도 하느님 같으신지'
이 두 구절은
미인의 오묘한 경계의 끝이다

空山無人
水流花開112)

二句
極琴心之妙境
勝固欣然
敗亦可喜113)
二句
極手談之妙境
帆隨湘轉
望衡九面114)

113) 승고흔연(勝固欣然) 패역가희(敗亦可喜) : 소식의 〈바둑을 보다(觀棋)〉라는 시 말미에 나오는 구절로 바둑의 즐거움을 말할 때 흔히 인용되는 구절이다. '승부에서는 모름지기 이기는 것은 진실로 즐거운 일이지만 훌륭한 벗을 만나 수담을 나눈다면 설령 진다 해도 그 또한 기쁜 일이 아니겠는가'라는 의미다.

112) 공산무인(空山無人) 수류화개(水流花開) : 소식의 시 〈십팔대아라한송(十八大阿羅漢頌)〉 중 제9존자인 수박가(戍博迦)를 기리는 시의 한 구절이다. 원뜻은 대체로 '깨달은 후에 보는 산수, 즉 나라는 인격과 외물(外物)과의 경계가 사라진 물아합일(物我合一)의 경지'를 가리킨다. 곧 나라는 인위적인 존재가 평가함이 없이 있는 그대로 사물을 볼 때, 물은 저절로 흐르고 꽃 또한 저절로 피고 지는 것이다. 말 그대로 '산은 산이요 물은 물이로다'라는 깨달음이다. 이를 필자는 금(琴)을 타는 심경에 비견해, 탄금자(彈琴者)의 의도가 사라지고 다만 현(絃)의 울림에 따라 저절로 천변만화(千變萬化)하는 금 소리만 울리는 정경으로 차용했다.

113) 승고흔연(勝固欣然) 패역가희(敗亦可喜) : 소식의 〈바둑을 보다(觀棋)〉라는 시 말미에 나오는 구절로 바둑의 즐거움을 말할 때 흔히 인용되는 구절이다. '승부에서는 모름지기 이기는 것은 진실로 즐거운 일이지만 훌륭한 벗을 만나 수담을 나눈다면 설령 진다 해도 그 또한 기쁜 일이 아니겠는가'라는 의미다.

114) 범수상전(帆隨湘轉) 망형구면(望衡九面) : 《고시원(古詩源)》에 수록된 〈상중어가(湘中漁歌)〉라는 고대 가요의 한 구절로, 출렁이는 상강(湘江) 물결에 돛단배를 타고 형산(衡山)을 감상하는 내용이다. 형산은 중국에서 가장 빼어난 다섯 산을 가리키는 오악(五岳) 중 하나로 예

二句
極泛舟之妙境
胡然而天
胡然而帝115)
二句
極美人之妙境

로부터 남악(南岳)으로 불렸다. 지금의 후난성(湖南省) 중부에 있으며, 상강이 이 산을 끼고 돈다.

115) 호연이천(胡然而天) 호연이제(胡然而帝) : 《시경(詩經)》〈군자해로(君子偕老)〉에 나오는 구절인 '호연이천야(胡然而天也) 호연이제야(胡然而帝也)'가 원전이다. 그 시의 내용은 '임이 갖춰 입은 옷차림새와 용모가 너무나 아름다워 다른 말로는 표현할 길이 없어 다만 하느님 같다고 말할 수밖에 없음'을 나타낸다.

206.

거울이나 물에 비친 그림자는
받아들인 것이고
해와 등불 그림자는
베푼 것이며
달그림자는
하늘에 있는 것은 받아들인 것이요
땅에 있는 것은 베푼 것이다

鏡與水之影
所受者也
日與燈之影
所施者也
月之有影
則在天者爲受
而在地者爲施也

207.

물소리에 넷 있으니
폭포 소리
흐르는 샘물 소리
여울지는 소리
작은 도랑 물소리
바람 소리에 셋 있으니
소나무 숲에 이는 소리
가을 풀 위를 스치는 소리
파도치는 소리
빗소리에 둘 있으니
오동나무나 파초나 연잎 위에 떨어지는 소리
빗물받이 물통에 떨어지는 소리

水之爲聲有四
有瀑布聲
有流泉聲
有灘聲
有溝澮聲
風之爲聲有三
有松濤聲

有秋草聲

有波浪聲

雨之爲聲有二

有梧蕉荷葉上聲

有承檐溜筒中聲

208.

문인들은 매양 부자 경멸하기 좋아하나
뛰어난 시문은
때때로
금옥이나 구슬이나 비단이라 칭찬하니
이는 또 웬일인고?

文人每好鄙薄富人
然于詩文之佳者
又往往
以金玉珠璣錦綉譽之
則又何也

209.

세상 사람들이 바빠하는 것에 한가로울 수 있는 이만이
비로소 세상 사람들이 한가해하는 일에 바쁠 수 있다.

能閒世人之所忙者
方能忙世人之所閒

210.

먼저 경전을 읽고
다음으로 사서를 읽는다면
일을 논함에 성현들과 그리 어그러지지 않을 것이다.
사서를 읽고서
다시 경전을 읽는다면
책을 봄에 하릴없이 장구에 얽매이지 않으리라.

先讀經
後讀史
則論事不謬於聖賢
旣讀史
復讀經
則觀書不徒爲章句

211.

도시에 살자면
그림으로 산수를 대신하고
분재로 원림을 삼으며
서적을 친구로 삼아야 한다.

居城市中
當以畵幅當山水
以盆景當苑囿
以書籍當友朋

212.

향촌에 살자면
모름지기 좋은 친구를 얻어야 참으로 좋다 하리라.
농사꾼이나 나무꾼 같은 이는
겨우 오곡을 분별하거나 맑을지 비 올지만 예측할 줄 아니
사귐이 오래되고 왕래가 자주 있다 보면
싫증이 나게 마련이다
친구 중에서는
시 지을 줄 아는 이 으뜸이고
담소 나눌 수 있는 이 그다음이며
그림 그릴 줄 아는 이 또 그다음이고
노래 부를 줄 아는 이 또 그다음이며
벌주놀이 잘하는 이가 또 그다음이다

鄉居
須得良朋始佳
若田夫樵子
僅能辨五穀而測晴雨
久且數
未免生厭矣

而友之中
又當以能詩爲第一
能談次之
能畫次之
能歌又次之
解觴政116)者又次之

---

116) 해상정(解觴政) : 벌주놀이를 잘 안다는 말. 상(觴)은 술이 가득한 술잔을 뜻하고, 상정(觴政)은 연회에서 벌주놀이를 실행하는 것을 가리킨다.

213.

백목련은
꽃 중의 백이요
고고하고 순결하다
해바라기는
꽃 중의 이윤이며
해를 향해 온 마음을 기울인다
연꽃은
꽃 중의 유하혜라
더러움에 물들지 않는다
학은
새 가운데 백이요
신선의 품격이다
닭은
새 중의 이윤이며
새벽을 관장한다
꾀꼬리는
새 가운데 유하혜다
벗을 찾는다

玉蘭

花中之伯夷也

高而且潔

葵

花中之伊尹117)也

傾心向日

蓮

花中之柳下惠118)也

汚泥不染

鶴

鳥中之伯夷也

仙品也

雞

鳥中之伊尹也

司晨

鶯

鳥中之柳下惠也

求友

---

117) 이윤(伊尹) : 이름은 이(伊), 윤(尹)은 관명(官名)이다. 일설에 이름을 지(摯)라 하기도 한다. 노예 출신으로 상(商)나라 재상을 지냈다. 상나라 탕왕(湯王)을 도와 하(夏)나라 걸왕(王)을 토벌했다.

118) 유하혜(柳下惠) : 춘추 시대(春秋時代) 노(魯)나라의 대부 전금(展禽). 성은 전(展)씨이고, 이름은 획(獲)이며, 자는 금(禽)이다. 식읍(食邑)이 유하(柳下)에 있었고 시호(諡號)가 혜(惠)이기에 유하혜라 불린다. 변설에 능하고 예절에 밝은 것으로 이름이 높아 공자로부터 칭송을 받았다. 전설적인 도적의 대명사 도척(盜跖)의 형으로 알려져 있다.

214.

죄가 없는데도 공연히 악명을 받은 것은
좀 벌레요
책 벌레의 일종으로, 누에처럼 생겼으나 그보다 좀 작다
죄가 있는데도 항상 논란을 비껴가는 것은
거미로세

無其罪而虛受惡名者
蠹魚也
蛀書之蟲 另是一種 其形如蠶蛹而差小
有其罪而恆逃淸議者
蜘蛛也

215.

악취를 풍기며 썩어서 신기해지는 것은
장류, 삭힌 두부, 금즙이다
지극히 신기하던 것이 썩어 악취를 풍기게 되는 것은
모든 사물이 그러하다

臭腐化爲神奇
醬也腐乳也金汁119)也
至神奇化爲臭腐
則是物皆然

---

119) 금즙(金汁) : 종려나무의 껍질로 만든 얇은 종이 위에 황토를 깔고 똥을 섞은 물을 뿌려 맑은 물을 걸러 낸 뒤, 이 맑은 물을 토기에 담아 땅속에 묻어 한 해를 묵히면 약용으로 쓸 수가 있는데, 이를 금즙이라 한다.

216.

흑과 백이 서로 엇섞이면
흑은 백을 물들일 수 있으나
백은 흑을 가리지 못한다
향기와 악취가 엇섞이면
악취는 향기를 이길 수 있으나
향기는 악취를 대적하지 못한다
이것이 군자와 소인이
서로 싸울 때의 대세다

黑與白交
黑能汚白
白不能掩黑
香與臭混
臭能勝香
香不能敵臭
此君子小人
相攻之大勢也

217.

부끄러움[恥]이란 한 글자
군자를 다스리는 방법
아픔[痛]이란 한 글자
소인을 다스리는 방법

恥之一字
所以治君子
痛之一字
所以治小人

218.

거울은 스스로를 비추지 못하고
저울은 스스로를 재지 못하며
검은 스스로를 치지 못한다.

鏡不能自照
衡不能自權
劍不能自擊

219.

　옛사람 말하길 "시는 반드시 곤궁한 뒤에야 공교로워진다"고 했다. 대개 궁해지면 말에 감개가 많아져 쉬이 잘 드러나는 바다. 부귀한 사람들은 가난을 걱정하거나 비천한 처지를 탄식할 일이 없기에 얘기하는 것이라고는 바람과 구름과 달과 이슬 정도에 불과하니 어찌 시가 탁월해질 수 있으랴? 그러나 생각을 바꾸어 집을 나서서 유력하는 방법을 생각해 볼 수 있다. 그러면 자신 주변과는 다른 산천과 풍토와 물산과 인정을 볼 수 있을 것이고, 또는 병에 걸리거나 전쟁의 참화를 겪은 사람들의 모습을 볼 수도 있으며, 혹 가뭄이나 홍수 등의 재난을 당한 이들의 모습도 볼 수 있을 것이다. 그러한 광경은 모두 시에 깃들지 못할 것이 없어 타인의 곤궁함을 빌려 내가 노래할 수 있으리니, 시가 또한 반드시 곤궁해진 뒤에나 공교로워진다고는 할 수 없다.

　古人云 詩必窮而後工 蓋窮則語多感慨 易於見長耳 若富貴中人 旣不可憂貧歎賤 所談者不過風雲月露而已 詩安得佳 苟思所變 計惟有出遊一法 即以所見之山川風土物産人情 或當瘡痍兵燹之餘 或值旱潦災祲之後 無一不可寓之詩中 借他人之窮愁 以供我之詠歎 則詩亦不必待窮而後工也

《유몽영》 발문

양복길(楊復吉)

옛사람은 글을 지음에 간간이 평어를 붙이는데, 만약 평어가 책 가운데 엇섞여 조화를 이룬 것으로 치자면 《유몽영》은 새로운 품격을 창조했다 하겠다. 맑은 말 빼어난 맛이 앞뒤로 서로 호응하니, 독자들은 마치 장좌(長座)한 채 여러 손님들과 긴 시간을 보내면서 그들의 경해(謦欬 : 인기척을 나타내는 헛기침)를 듣는 듯 의기양양함을 금하지 못하게 만드니, 참으로 글 중에서도 기이한 광경이라 할 만하다. 서명의 '꿈[夢]'이나 '그림자[影]'라 한 것은 모두 '육여(六如)'의 뜻을 취한 것이다. 청산유수와 같은 말솜씨, 천녀가 꽃비를 뿌린 듯, 의념이라는 마음의 등불, 그 한 도장 공(空)에 찍으면, 가히 깨달을 수 있으리라.

을미년 여름 진택 사람 양복길 적음.

幽夢影跋

昔人著書 間附評語 若以評語參錯書中 則幽夢影創格也 淸

言雋旨 前吁後喁 令讀者如入眞長座中 與諸客周旋 聆其聲欬 不禁色舞眉飛 洵翰墨中奇觀也 書名曰夢曰影 蓋取六如之義 饒廣長舌 散天女花 心燈意蕊 一印印空 可以悟矣

乙未夏日震澤楊復吉識

해 설

　《유몽영(幽夢影)》은 청(淸)나라 초기 문인 장조(張潮)가 30세 전후로부터 45세 전후에 이르기까지 얼추 15년에 걸쳐 틈틈이 쓴 글들을 총 219칙(則)으로 엮어 만든 소품문집(小品文集)이다. 《유몽영》에서 장조는 자기 주변의 일상 풍경을 관조와 성찰 그리고 개인적 깨달음을 거쳐 간결한 격언이나 경구 또는 어록이나 시 등 다양한 형식으로 삶의 정취를 담담하게 혹은 격정적으로 혹은 미려(美麗)하게 혹은 읊조리듯 담박하게 담아냈다. 이런 글 형식을 청언 소품(淸言小品)이라 하는데, 이러한 글쓰기는 중국의 명대(明代) 후기부터 청대(淸代) 전기에 이르기까지 대단한 성세를 구가했다. 그런데 당시 성행했던 청언 소품문 중에서도 최고의 미문(美文)을 꼽는다면 단연 장조의 《유몽영》을 첫손가락에 꼽을 수 있을 터인데, 《유몽영》은 17~18세기 조선 문인층에서 크게 유행하기도 했다.

　책 제목인 《유몽영》은 '그윽한 꿈 그림자'쯤으로 풀이될 터인데, '그윽하다[幽]'는 말은 못내 아쉬운 '아련함'이란 의미도 함축하고 있다. 나아가 양복길(楊復吉)의 발문에 따르면, 그중 '몽(夢)'과 '영(影)'은 《금강경(金剛經)》에서 말하는 육여(六如: 세상의 모든 것이 무상함을 꿈[夢], 환상[幻], 물거품[泡], 그림자[影], 이슬[露], 번개[電]의 여섯 가지에 비유해 이르는 말) 가운데 두 가지를 취한 것이라 한다. 그렇다면 본서《유몽영》의 서명(書名)에 담긴 뜻은 '이미 지나가 버려 덧없어진 옛일이긴 하지만 여전히 작가의 마음에 그윽하게 남은 것 혹은 아련히 향수를 불러일으키는 어떤 것'들이라 할 수 있다.

이러한 사실과 더불어 장조 본인의 자(字)가 산래(山來)이고, 호(號)는《장자(莊子)》에서 따온 심재(心齋)라는 것을 함께 놓고 보면 본서가 추구하는 정서가 얼추 손에 잡힐 수도 있겠다. 자는 본래 이름의 의미를 달리 풀이한 것에서 따오는 경우가 흔한바, 산래라는 자는 그의 이름 조(潮)에서 유래한 것으로 보인다. 즉, 물의 흐름이라는 뜻의 '조'를 파자하면 '물'과 '아침'이 될 터, 아침 녘 물은 저 산에서 졸졸 흘러오는 것이 아니겠는가? 자야 원래 이름자에서 온다고 하지만, 호는 의미가 좀 더 다르다. 통상 호는 친우들이 붙여 주거나 혹은 스스로 자신을 나타내는 것으로 짓는다. 즉, 그 사람의 됨됨이를 가장 잘 드러내거나 혹은 자신이 지향하는 바 또는 자신을 가장 잘 상징하는 것으로 짓는 것이다. 그렇다면 '심재'라는 호는 '장자적 삶의 지향' 혹은 글자 그대로 '마음을 깨끗이 비우는 것'을 의미하겠다. 이와 같이 서명과 자호를 엮어 본서의 의미를 유추하자면, 유유자적한 삶을 지향하는 깨끗한 마음으로 이미 지나간 꿈이나 그림자에 불과한 것들이어도 아직 작가의 마음에 아련히 남아 있는 흔적들을 좇아 그 자취를 새겨 놓은 것이겠다.

현재 우리가 보는 《유몽영》은 1936년 문학가 장이핑(章衣萍)이 후이저우(徽州)의 고서가에서 구입한 초본(抄本)을 린위탕(林語堂)이 보고 극찬한 후, 장이핑의 교점(校點)을 거쳐 상하이(上海)에서 출판된 것이다. 물론 그 직전에 스톈싱(史天行)에 의해 출판되기도 했고, 더군다나 그 이전 1911년 및 더 이전인 청나라 때도 간간이 출판되기도 했다. 그러나 《유몽영》이 오늘날과 같은 성가를 누리게 된 것은 확실히 린위탕 덕분이라고 함이 타당할 것이다. 린위탕은 영어로 수필을 써서 중국 문화를 서구 세계에 알린 인물로 루쉰(魯迅)과 함께 현대 중국 문학을 대표하는 수필가로 유명하다. 그는 자신을 대표하는 수필집 《생활의 발견(The Importance of Living)》에서 일상적인 삶의 풍경 속으로 들어오는 자연 만물을 묘사하는 《유몽영》의 탁월한 표현 기법과 미학 의식에 대해 극찬했다.

린위탕은 《유몽영》에 대해 "문인의 격언"이라 말하며 "자연은 우리의 생명 속에 온통 스며들어 있다. 자연은 소리이기도 하고 색깔이기도 하며 모양이기도 하고 정취이기도 하며 분위기이기도 하다. 감각적인 예술가인 인간은 자연 속에서 적당한 정취를 선택해 그것들을 자신의 삶과 조화시킨다. 이것은 시는 물론이고 산문을 짓는 중국의 모든 작가들에게서 나타나는 태도다. 그러나 나는 이들 가운데에서도 가장 탁월한 표현은 장조의 《유몽영》 속 에피그램(epigram)에서 발견할 수 있다고 생각한다. 《유몽영》은 수많은 문학적 에피그램을 모아 엮은 격언집이다. 이처럼 문학적 에피그램을 모아 엮은 중국의 서책은 매우 많다. 그러나 장조가 직접 쓴 《유몽영》과 비견할 만한 서책은 결코 존재하지 않는다"라고 높이 평가했다.

당시 사상계나 문학계에서 린위탕이 차지하고 있던 지위는 상당했기에 그의 이런 호평은 자연스레 《유몽영》의 성가로 이어졌음은 자명할 터. 그런 면에서 보면 《유몽영》이 오늘날처럼 각광을 받아 많은 이들의 입길에 오르내리게 된 것에는 린위탕의 역할이 지대하다 할 수 있다. 린위탕은 장조가 중국 전통 문인들의 인격적 특성을 체현하고 있다고 여겼다. 그 때문에 그는 중국 문화에 대한 서양의 식견을 넓히기 위해 수십 년간 꾸준히 《유몽영》을 직접 영어로 번역하기도 했다. 장조와 린위탕은 서로 다른 시공간에 살았으나, 좋은 글은 시간과 공간의 장벽을 뚫고 공감하고 교감하며 울림을 준다는 사실을 다시 한번 확인한다.

린위탕은 《유몽영》을 왜 그리 좋아했을까? 물론 앞서

린위탕이 높이 평가했듯이 《유몽영》 자체가 가진 탁월한 성취 때문임은 두말할 나위가 없다. 그리고 거기에 더해 린위탕이 추구하던 글쓰기가 《유몽영》과 묘한 공명을 이루었기 때문일 것이다.

《유몽영》이 쓰인 시기는 청나라 초기였다. 이 시대의 문학 사조는 그 전 명말(明末)의 풍조가 여전히 영향을 미치던 시기였다. 명말의 시대적 풍조는 향락을 중하게 여기고, 미식(美食)을 강구하며, 술과 차를 즐기고, 여색을 좋아하며, 소리를 잘하는 기생을 기르고, 심심풀이 책을 읽으며, 산수를 유람하는 것이었다. 그리고 거대한 담론보다는 자신 주변의 사소한 일상이나 사물을 소재로 위트와 해학이 넘치는 유머러스한 글이 한동안 유행했다. 이를 통해 당시 문인들이 추구했던 것은 '순수한 삶'인데, 일종의 청결하고 투명하며 단순한 성정이다. 그들은 옛사람을 닮는 것이 아니라 자유로운 개성을 살려야 한다고 주장했다. 이처럼 통속주의(通俗主義)와 엘리트적 심미 의식(審美意識)이 결합해 나타난 것이 청언 소품이며, 《유몽영》은 그러한 청언 소품 중 단연 최고의 미문이다.

《유몽영》은 우아한 정서와 온화한 눈빛으로 아름다움을 추구한다. 책에는 격렬하고 날카로운 비평이 없다. 다만 풍격을 잃지 않는 차가운 조소와 신랄한 풍자가 있다. 그러나 이러한 불평이나 풍자도 그 표현은 온화하다. 《유몽영》은 결코 날카로운 비수와 같은 것이 아니라 상쾌한 청량음료와 같다. 그리하여 달과 바위와 나무와 구름과 노을, 나비와 꽃과 새 등 주변에서 흔히 보는 사물들은 작가의 내면적 성찰과 개인적 깨달음을 거쳐 생동하는 격조 높은 사물이 된다. 린위탕이 추구한 글 또한 그러한 것이었고, 이를 자연스러운 유머를 통해 지향하는 글이었다.

《유몽영》은 특정한 주제나 목적 없이 지은이가 그때그때 떠오른 단상들을 두서없이 적은 글들의 모음이다. 해서 우리도 흥취가 돋으면 그때그때 슬쩍 책을 들춰 한 구절씩 음미할 수 있으리라. 다만 격조 높은 비유와 핵심을 꿰뚫는 혜안이 빛나는 문장은 여백을 두고 읽어야 제맛이 난다. 그러다가 저자의 뜻과 나의 흥취가 우연히 들어맞는 구절을 발견한다면 그 재미 또한 특별할 것이다. 그런 의미에서 손 닿는 대로 몇 구절 읽어 보자.

먼저, 스스로를 다잡는 글 하나.

자신 다잡기는 추상같이
처세는 봄기운같이

律己宜帶秋氣
處世宜帶春氣

그리고 젊음과 늙음에 관한 글 하나.

젊은이는
모름지기 노인의 식견을 가져야 하고
노인이면
마땅히 젊은이의 포부를 가져야 한다

少年人
須有老成之識見
老成人
須有少年之襟懷

더불어, 처세의 방법 하나.

어쩔 수 없이 아첨을 해야 하거든
입으로 할지언정 붓으로는 하지 말며
참을 수 없어 욕지거리해야 하거든
입으로 할지언정 붓으로는 하지 말라

不得已而諛之者
寧以口 毋以筆

不可耐而罵之者
亦寧以口 毋以筆

때론, 격정적인 감정 토로 하나.

가슴속 작은 불평이야
술로 씻을 수 있다지만
이 세상 크나큰 불평은
칼 아니면 씻어 낼 수 없으리

胸中小不平
可以酒消之
世間大不平
非劍不能消也

나아가, 통렬한 뒤집기 한판.

장주가 꿈에 나비 된 것은
장주의 다행이나
나비가 꿈에 장주 된 것은
나비의 불행이라

莊周夢爲蝴蝶
莊周之幸也
胡蝶夢爲莊周
胡蝶之不幸也

마지막으로, 점점 깊어 가는 글 읽는 방식까지.

젊어서 책 읽기는
문틈으로 달 보기요
중년의 책 읽기는
뜰에서 달 보기며
노년의 책 읽기는
누대에 올라 달 즐김과 같다
이 모두 경험의 깊고 얕음이
깨달음의 깊고 얕음이 되는 것

少年讀書
如隙中窺月
中年讀書
如庭中望月
老年讀書
如臺上玩月

皆以閱歷之淺深
爲所得之淺深耳

　《유몽영》을 읽고 있노라면 사람들은 시간과 공간의 장벽을 뚫고 공감하고 교감하며 울림을 준다는 사실을 다시 한번 확인한다. 하면 우리도 장조를 따라 기분이 좋거나 괴로울 때에, 기쁨에 찬 날이거나 슬픔에 빠진 날에, 늦은 밤 사위가 고요에 잠기거나 책을 잠깐 덮고 눈을 감고 생각에 잠길 때에, 흐리거나 화창하거나 비가 오거나 눈이 오는 날에, 우리도 기억 저편에 아련한 그리움으로 남은 편린들을 가만히 갈무리해 나만의《유몽영》을 써 보는 건 어떨까!

지은이에 대해

《유몽영(幽夢影)》의 저자 장조(張潮, 1650~?)의 자는 산래(山來)이고, 호는 심재(心齋)다. 청나라 순치(順治) 7년(1650) 안휘성(安徽省) 흡현(歙縣)에서 명문가의 자제로 태어났다. 기록에 따르면 그의 선조들은 대대로 관직에 진출해 고관을 지냈으며, 특히 부친은 산동성(山東省) 학도(學道)·감찰어사(監察御史)·시랑(侍郞)·한림관(翰林官) 등 여러 요직을 거쳤다. 시쳇말로 그의 집안은 명실상부 명문거족이었다. 이러한 집안 내력의 영향으로 그도 어렸을 때부터 과거와 관련한 팔고문(八股文)을 익혀 15세 때 이미 박사제자원(博士弟子員)이 되었다. 그러나 그즈음부터 그의 삶은 "적잖은 시련을 겪어 웅대한 뜻이 점차 마모되고 말았다"라고 말할 만큼 많은 시련을 겪으면서 의기소침해졌으며, 더불어 관운도 열리지 않아 진사(進士)는커녕 거인(擧人)도 되지 못한 채 겨우 공생(貢生)의 자격을 얻는 데 그쳤다. 하지만 관운과는 별개로 이러한 시련은 오히려 그의 문학적 재능을 꽃피워 아름다운 글을 남기는 밑거름이 되었다. 그는 30세를 전후로 약 15년에 걸쳐 《심재요복집(心齋聊復集)》·《화영사

(花影詞)》·《필가(筆歌)》·《유몽영(幽夢影)》 등을 펴내며, 장죽파(張竹坡)를 위시한 우동(尤侗)·오기(吳綺)·공상임(孔尙任) 등과 같이 당시 문명을 떨치던 저명한 문인들과 널리 교유했다. 이외에《소대총서(昭代叢書)》150권과《단기총서(檀幾叢書)》50권을 비롯해 명·청대 기문(奇文)을 모은 문언 단편 소설집《우초신지(虞初新志)》20권 등의 총서를 편집하기도 했다. 그러나 불운은 젊은 시절에만 그치지 않았다. 50세가 되던 강희(康熙) 38년(1699), 장조는 모종의 정치적 사건에 연관되어 감옥에 갇혔다.《청사고(淸史稿)》에는 이와 관련한 기록이 없어 자세한 원인은 알 수 없으나, 장조 개인의 기록에 따르면 그 사건은 '인간적 배신'에 따른 무고였으며, 그때 받은 배신의 충격은 '검(劍)'에 호소할 정도로 컸던 것으로 보인다. 결국 장조는 그 충격을 이기지 못해 완전히 붓을 꺾고 말았고, 이후 그의 삶은 더 이상의 흔적을 찾을 수 없다.

옮긴이에 대해

　　백승도(白承道)는 1967년 어느 봄날, 경북 성주의 작은 시골 마을에서 태어났다. 중고등학교 시절은 대구에서 보내고 대학은 서울 연세대학교 중어중문학과를 다녔다. 어린 시절 시골에서의 삶과 청소년기 이후 대구와 서울이라는 대도시로의 삶의 전환은 양가적이어서 지금도 정서는 도시와 시골을 왔다 갔다 한다. 같은 대학 대학원에서 〈왕부지(王夫之) 시론(詩論) 연구(硏究)〉로 석사 학위를, 〈장자(莊子)에서의 진인(眞人)의 담론 방식 연구〉로 박사 학위를 받았다. 역서로는 《도와 로고스》, 《동양과 서양, 그리고 미학》, 《장파 교수의 중국미학사》, 《문명소사》 등이 있다. 지금은 불교와의 인연을 말미암아 장자와 선종의 심층에 놓인 동양적 사유 구조의 근원에 관심을 두고 있다.

유몽영, 그으슥한 꿈 그림자

지은이 장조
옮긴이 백승도
펴낸이 박영률

초판 1쇄 펴낸날 2024년 11월 20일

지식을만드는지식
출판등록 제313-2007-000166호(2007년 8월 17일)
02880 서울시 성북구 성북로 5-11
전화 (02) 7474 001, 팩스 (02) 736 5047
commbooks@commbooks.com
www.commbooks.com

ⓒ 백승도, 2024

지식을만드는지식은
커뮤니케이션북스(주)의 고전 출판 브랜드입니다.
이 책은 저작권자와 계약해 발행했으므로, 본사의 서면 허락 없이는
어떠한 형태나 수단으로도 이 책의 내용을 이용할 수 없습니다.

ISBN 979-11-7307-141-6 03820

책값은 뒤표지에 있습니다.